Michaela Ghisletta

Die Regenbogenkinder

Lichtwesen der Neuen Zeit

Haftung

Die Informationen dieses Buches sind nach bestem Wissen und Gewissen dargestellt. Sie ersetzen nicht die Betreuung durch einen Arzt, Heilpraktiker oder Psychotherapeuten, wenn Verdacht auf eine ernsthafte Gesundheitsstörung besteht. Weder Autorin noch Verlag übernehmen eine Haftung für Schäden irgendwelcher Art, die direkt oder indirekt aus der Anwendung des Inhalts dieses Buches entstehen könnten.

Bitte fordern Sie unser kostenloses Verlagsverzeichnis an:

Smaragd Verlag
In der Steubach 1
57614 Woldert (Ww.)
Tel.: 02684.978808
Fax: 02684.978805
E-Mail: info@smaragd-verlag.de
www.smaragd-verlag.de

Oder besuchen Sie uns im Internet unter der obigen Adresse.

Michaela Ghisletta

Die Regenbogenkinder

Lichtwesen der Neuen Zeit

Smaragd Verlag

Über die Autorin

 Michaela Ghisletta wurde 1971 in der Schweiz geboren und lebt heute in Zürich. Über zehn Jahre arbeitete sie mit Kindern und ihren Pferden zusammen, um den gegenseitigen Respekt und die Liebe zu den Tieren zu fördern. Heute ist sie verheiratet und hat zwei Kinder im schulpflichtigen Alter (2000 und 2002 geboren).

Die Autorin arbeitet als mediale Lebensberaterin und bietet Seminare und Ausbildungen und Beratungen für Erwachsene sowie Kurse für Kinder an, in denen diese ihre Fähigkeiten erleben und vertiefen können. Sie unterstützt Eltern und Kinder mit Ratschlägen, Ritualen, Bachblüten und vielem mehr.

Kontakt:
www.regenbogenkinder.ch
eMail: regenbogenkinder@fressurf.ch

Inhalt

Einleitung

Mein Name ist Michaela Ghisletta, ich bin 1971 geboren. Mein Mann Alessandro und ich haben zwei Kinder, Jahrgang 2000 und 2002. Wir arbeiten beide im Teilzeitpensum und sind so in der glücklichen Lage, unsere Kinder familienintern zu betreuen. Während mein Mann einem „richtigen" Beruf nachgeht, arbeite ich als selbstständig erwerbende Tierkommunikatorin, mediale Beraterin und Kursleiterin.

Ich liebe die Natur und die Tiere, sie sind ein wichtiger Bestandteil meines Lebens. Für mich soll Spiritualität gelebt werden, denn sie ist ein Teil von uns. Es ist vielleicht nicht immer ganz leicht, das alltägliche Leben und die Spiritualität zu verbinden. Aber diese Herausforderung nehme ich gerne an. Denn ein Leben ohne die Wahrnehmung von Energien, ohne den Kontakt zu Lichtwesen und die tiefe Verbindung zur Natur ist für mich gar nicht vorstellbar.

Es ist mir dabei sehr wichtig, nicht den Bezug zur so genannten Wirklichkeit zu verlieren. Aber dank meines Mannes, der Kinder und unserer Tiere ist es mir nicht möglich, total „abzuheben". Ich lebe in dieser und der Anderswelt und möchte es nicht anders haben.

Ein Einkaufen, ohne dass Engel mir irgendetwas einflüstern, ein Spaziergang in der Natur, ohne die Wahrnehmung von Naturgeistern und Flüstern von Bäumen, Tieren, die sich mir telepathisch mitteilen, solch ein Leben kann und will ich mir nicht vorstellen.

Vielleicht geht es Ihnen ja auch so, oder Sie sind einfach offen für eine andere Realität?

Die Kinder der Neuen Zeit sind unsere Kinder

Diese Kinder sind mit einem weiten, großen Herzen ausgestattet, medial außerordentlich begabt und bringen uns die Harmonie zurück auf Erden.

Damit sie dieses aber können, brauchen sie unsere Hilfe. Sie haben teilweise große Mühe, sich unserem irdischen Hier und Jetzt anzupassen. Es sind Lichtwesen, die einen menschlichen Körper und einen Planeten der Dualität bewohnen und sich in beiden erst zurechtfinden müssen.

Wenn ich höre oder in den ausgefüllten Fragebögen lese, wie viele „erwachsene Kinder" der Neuen Zeit sich von Eltern und Lehren unverstanden gefühlt haben, dann macht mich das sehr traurig, und ich möchte das ändern.

Es sind wunderbare Wesen, diese Lichtkinder, sie verdienen es, dass wir sie lieben und in ihrem Sein unterstützen. Sie lieben, so, wie sie sind. Denn um nichts anderes geht es, durch ihr einfaches Sein bringen sie uns und der Erde alles, was wir brauchen, um heil zu werden und zurück zur Harmonie zu finden.

Selbstverständlich durchleben diese Kinder auch ihre Trotzphase, Pubertät und so weiter, das genetische Gefäß Mensch durchlebt die verschiedenen Stufen der menschlichen Entwicklung so, wie es sein soll.

Wieso die Unterscheidung zwischen Indigo-, Kristall- und Regenbogenkindern?

Das fragt man sich zu recht, vor allem, weil man mit solchen Begriffen zu einer Wertung verführt. Diese Namen sind aber keine Auszeichnung, sondern lediglich der Versuch, die verschiedenen Energien zu erklären und zu ordnen.

Ich bin auch davon überzeugt, dass ein Wandel möglich ist. Ich erlebe in meiner Arbeit immer wieder, wie Menschen sich von einem Indigo- zu einem Kristallkind wandeln, Erwachsene wie Kinder.

Bei meinem Sohn konnte ich dieses aus nächster Nähe verfolgen, ein spannender, aber sehr anstrengender Prozess für alle. Aber das Resultat ist es absolut wert.

Ich denke, dass die Menschheit später nicht mehr unterscheiden wird. Wir alle werden einfach die Bewohner der Erde im Regenbogenzeitalter oder eben der Neuen Zeit sein.

Viele Menschen brauchen heute aber noch diese Differenzierung, da es unserem heutigen Denken entspricht und uns erleichtert, unsere Kinder zu verstehen.

Beweggründe und Erfahrungen

Ich habe in meinem Beruf vor allem mit den Kindern der Neuen Zeit zu tun, denn auch die Erwachsenen, die mich kontaktieren, sind solche. Sie spüren, dass da mehr ist, spüren ein Sehnen in sich, endlich ihre wahre Berufung zu leben, ihre eigene Wahrheit zu leben. Sie fühlen sich von der Gesellschaft nicht verstanden oder haben Mühe, sich den gesellschaftlichen Normen anzupassen.

Es klingt doch gar nicht so schwer, seiner eigenen Wahrheit zu folgen, seine Berufung zu finden und zu leben, und doch ist es wohl die größte Herausforderung unseres Lebens. Als Kinder wussten wir auf einfache Weise, was unsere Berufung ist, wir benannten sie mit Ausdrücken, die wir kannten, und kamen so unserer wahrer Berufung schon sehr nahe. Die Gesellschaft lehrt uns dann aber, dass wir dieses oder jenes nicht werden können, aus welchen Gründen auch immer. Ich sah mich als Kind immer als Tierarzt oder mit Kindern arbeiten. Diese Vorstellung kommt meiner heutigen Realität schon sehr nahe. Die Kinder versuchen, ihre Wahrheit zu leben, hören dann aber von Eltern, Lehrern und anderen Respektspersonen, dass dieses und jenes nicht geht, dass man das nicht macht, dass jenes nicht möglich ist. Wir werden durch die Meinung anderer begrenzt, vergraben unsere Wünsche und stellen die Forderungen an uns über unsere eigenen Bedürfnisse.

Wir müssen grenzenloser denken, die Gedankengrenzen der Gesellschaft müssen nicht die unseren, oder die unserer Kinder sein. Es ist alles möglich, man muss uns nur lassen. Wenn ich sehe, wie heute Erwachsene darum kämpfen, ihre Fähigkeiten wiederzufinden, sich wieder erinnern wollen, und wie schwer es für sie ist, dann sehe ich den Sinn in meiner Arbeit bestätigt, den Kindern zu helfen, diese Gabe nie zu verlieren und trotzdem in der Gesellschaft bestehen zu können. Das ist meine Hoffnung, mein Antrieb, und ich hoffe, dass Sie genau hier auch ansetzen möchten.

Dieses Buch ist mir sehr wichtig. Ich wünsche mir, dass alle Menschen, die mit Kindern zu tun haben, darin Antworten und Anregungen finden. Es ist meine Sicht der Dinge, und sie ist sicher nicht unumstößlich oder fehlerfrei, aber sie entspricht meiner Wahrheit, wie ich sie fühle und vertrete, während ich dieses Buch schreibe. Ich hoffe, hier nicht nur spirituell interessierte Menschen erreichen zu können. Für mich ist die ganze Welt beseelt, und ich spüre eine tiefe Verbundenheit mit der Natur, den Tieren, den Engeln und den Kindern der Neuen Zeit.

Ich bin sicher, und ich hoffe es auch, dass ich in einigen Jahren einiges anders sehe, vielleicht auch das eine oder andere Kapitel anders schreiben würde, denn meine Sicht der Dinge soll sich verändern, soll wachsen, sich den Gegebenheiten anpassen, neue Erfahrungen und Erkenntnisse integrieren.

Aber so, wie dieses Buch nun vor Ihnen liegt, so sehe und spüre ich die Kinder und die Gesellschaft heute, ohne Anspruch darauf, die einzige Wahrheit zu vertreten.

Mutter Maria

„Die Kinder der Neuen Zeit brauchen eure Unterstützung. Das Zurechtfinden in der Schwere der Materie ist nicht leicht für die Kinder des Lichts. Es dauert noch eine Weile, bis die Materie mit Licht durchflutet ist."

Die Kinder der Neuen Zeit

Die Kinder der Neuen Zeit sind voller Licht und Liebe, das ist eine wunderbare Gabe, aber genau das ist auch die Schwierigkeit dieser Kinder. Die Welt von heute ist alles andere als harmonisch, aber diese Kinder tragen das Bedürfnis nach Harmonie in sich, es ist ihr ganzes Streben.

Nun erscheint es einem widersprüchlich, dass genau diese Kinder sehr leicht aus ihrer Balance zu bringen sind, zumindest äußerlich. Innerlich verfügen sie meist über ein enormes Urvertrauen und eine innere Balance, um die wir sie nur beneiden können. Sie möchten diese Balance aber auch im Außen leben. Sie nehmen die disharmonischen Schwingungen wahr, möchten diese transformieren und wissen nicht, wie. Einige Kinder reagieren darauf mit heftigem Weinen, Wutanfällen, oder ziehen sich ganz und gar aus dieser Welt zurück und flüchten in ihre eigene, innere Welt, um dem Chaos im Außen zu entfliehen. Viele Kinder reagieren auch mit Ausschlägen auf äußere Reize oder neigen allgemein zu Allergien.

Und hier, genau hier, kommen wir Erwachsene zum Einsatz. Wir haben gelernt, mit der Disharmonie zu leben und können nun unseren Kinder helfen, diese zu stabilisieren und nach und nach in Harmonie umzuwandeln. Dieses direkt zu tun, wie es die Kinder versuchen, da es ihrem innersten Herzenswunsch entspricht, ist schlicht eine zu schwere Aufgabe.

Wir können ihnen mit Meditationen, Heilsteinen, Bachblüten, Aura Soma, Homöopathie, Schüsslersalzen und vielen anderen, lichtbringenden Therapien helfen, ihre innere Balance immer mehr im Außen zu leben. Und wie ein Stein, den man ins Wasser wirft und der seine Kreise zieht, genau so wird sich die Schwingung der Balance, der Harmonie, von den Kindern ausbreiten, bis sie jeden Menschen in seinem Herzen berührt und einen Wandel herbeiführt.

Sehr wichtig für die Kinder der Neuen Zeit ist die Verbindung zur Natur. Viele Kinder sind noch nicht richtig angekommen hier auf Erden, noch nicht ganz verwurzelt und gefestigt. Durch die Verbindung zur Natur wachsen ihre Wurzeln, ihre Erdverbundenheit nimmt zu. Der Kontakt zu Tieren fördert ihre telepathische Kommunikation, da diese nonverbale Sprache mit Tieren immer funktioniert, während sie bei uns Eltern, dem Lehrpersonal usw. nicht immer verstanden wird.

Vieles, was ich über die Kristallkinder schreibe, kann auch auf ein Regenbogenkind zutreffen und umgekehrt. Es ist nicht ganz einfach, eine klare Trennlinie zwischen diesen beiden Energien zu ziehen. Ich denke, das ist auch nicht notwendig. Wir wollen die Kinder ja nicht in Schubladen stecken und in ihrem Sein schon wieder begrenzen. Es kann uns aber helfen, unsere Kinder und ihre Aufgaben besser zu verstehen, wenn wir wissen, in welcher Energie sie leben. Die Kristallkinder nehme ich immer als funkelndes Licht wahr, die Regenbogenkinder als ein Spiel der

Farben. Ich kann die Aura nicht sehen, es ist also meine eigene Wahrnehmung, mein Fühlen und Spüren.

Mutter Maria

„Die Kinder der heutigen Zeit sind noch sensibler, zarter und feinfühliger als die aus vergangenen Zeiten. Diese Kinder lassen ihre Wahrnehmungen nicht mehr mit Fantasien abtun. Sie wissen, was sie sehen und hören! Diese Kinder öffnen die Tore zu eurem Herzen und so zu eurer Wahrnehmung. Sie leben ihre Wahrheit und stellen eure in Frage. Das ist ein wichtiger Prozess. Stellt euch diesem, oder wovor habt ihr Angst?

Sie brauchen eure liebevolle Führung, wollen aber nicht beherrscht werden, auf Autorität reagieren sie mit Rückzug oder Wut. Sie brauchen Strukturen, lasst ihnen aber Spielraum.

Nehmt ihre Wahrnehmungen, ihre Gedanken und Gefühle ernst, es sind weise Seelen, die in diesen noch kleinen Körpern stecken. Lasst zu, dass sie euch anstecken mit ihrem Vertrauen und ihrer Liebe. Öffnet euer Herz für diese Kinder, mehr wünschen sie sich nicht."

Kristallkinder

Erzengel Metatron zu den Kristallkindern

„Die Kristallkinder werden in diesen Tagen mit großer Häufigkeit geboren. Lange wurde die Erde auf die Ankunft dieser Kinder vorbereitet. Zwar ist ihr Weg noch nicht bereitet, doch die Eltern dieser Kinder wurden mit großer Sorgfalt ausgesucht, so dass sie zusammen mit ihren Kristallkindern den Weg gehen.

Kristallkinder haben ein sehr mitfühlendes Herz, ihr Drittes Auge ist aktiv, und sie kommunizieren telepathisch. Ihre Aura ist schillernd und rein, ihre Augen wie klare Seen.

Sie bringen die reine Herzensliebe zurück auf die Erde. Sie bringen Mitgefühl auf die Erde. Sie verfügen über große telepathische Gaben und öffnen damit so manchem Erwachsenen die Augen (auch das Dritte Auge)."

Die Kristallkinder sind wunderbare Wesen mit großen, schönen Augen. Ihre Augen lassen einen direkt in ihre klare Seele blicken. Sie erkennen aber auch unsere Seele und unseren verborgenen Schmerz, unsere Wut, Angst und Frustration.

Sie möchten diesen Schmerz von unserer Seele nehmen und laden ihn sich dabei nicht selten selbst auf.

Sie kommunizieren sehr gerne telepathisch, es ist ihnen aber oft gar nicht bewusst. Manchmal werden sie dann auch wütend, weil sie nun schon zum dritten Mal etwas „gefragt" haben.

Sie zeigen großes Mitgefühl und einen starken Gerechtigkeitssinn. Für sie ist etwas nicht richtig oder falsch, sondern es fühlt sich wahr an oder eben nicht. Sie müssen ihre Wahrheit leben, sonst verkümmern diese wunderbaren und sensiblen Seelen.

Wie mein Sohn einmal so schön sagte, tragen diese Kinder einen Bergkristall mit Regenbogen in ihren Herzen. Mir gefällt dieses Bild sehr. Der Bergkristall ist ein sehr guter Vermittler zwischen Seele und Körper und zwischen den Welten, und der Regenbogen bildet die Brücke zwischen Himmel und Erde.

Die Aufgabe der Kristallkinder ist es, unsere Wahrheit wieder zu erwecken. Sie war ja niemals weg, sie schlief nur sehr lange in unserem Inneren. Vergraben unter Erziehungsvorschriften, Moralvorstellungen, Erwartungen der Gesellschaft und unseren eigenen Ängsten und Vorstellungen. Unsere Wahrheit wieder zu entdecken, ist nicht immer einfach oder schön. Es bedeutet, sein Leben zu hinterfragen, jeden Punkt in seinem Leben, und es dann Schritt für Schritt so zu verändern, dass es unserer Wahrheit entspricht.

Wo handeln wir denn wirklich nach unserer Wahrheit, und wo leben wir die Vorstellung der Gesellschaft?

Wo denken wir wirklich noch selbst, oder sind unsere Gedanken beeinflusst von den Medien, der Meinung unseres Chefs, unserer Eltern?

Sind wir uns und unserer Wahrheit wirklich treu? Zeigen wir sie nach außen, oder verbergen wir sie vor der Welt?

Die Kristallkinder wollen und können dieses nicht mehr. Sie würden an der Unwahrheit zerbrechen. Das heißt nicht, dass sie nicht zu Notlügen greifen. Es heißt nur, dass sie keine Lüge leben können. Wir schon, oder?

Ich persönlich habe keine Lust mehr, anderen etwas vorzuspielen, und empfinde es als sehr befreiend, meine Wahrheit zu leben, ohne sie jemandem aufzuzwingen. Es ist ja meine Wahrheit, nicht ihre und nicht die meines Nachbarn, sondern schlicht und einfach meine Wahrheit. Indem ich sie lebe, geht es mir gut, das wirkt sich auf meine Familie, meine Umgebung und vielleicht sogar auf die ganze Welt aus, wer weiß das schon?

Kristallkinder haben eine sehr innige Beziehung zur Natur, zu Pflanzen und Tieren. Sie schöpfen sehr viel Kraft daraus.

Mit den Regeln der Gesellschaft tun sie sich schwer, wenn man ihnen diese nicht glaubwürdig erklären kann. Einfach Befehle erteilen, nein, das geht nicht. Hier wird der Sinn dieser Regel hinterfragt, und man kommt hier tatsächlich ab und zu in einen Notstand. Da beende ich doch tatsächlich eine solche Diskussion mit den Worten: „Es ist so, weil ich es sage." Sicher eine sehr gute Antwort, und ihr Kristallkind wird diese sicher akzeptieren, oder etwa nicht...?

Geht es Ihnen auch so, dass Ihnen tatsächlich die Argumente fehlen, eventuell sogar, weil es wirklich keine sinnvollen Argumente gibt? Ich glaube, hier ist der Punkt, wo wir nicht unsere Wahrheit leben, sondern etwas von unserem Kind verlangen, das gar nicht unseren Wünschen und Vorstellung entspricht, sondern doch wohl eher der Vorstellung der Gesellschaft oder unseres Nachbarn, des Lehrers, unserer Eltern.

Natürlich müssen unsere Kinder lernen, sich in die Gesellschaft einzufügen, aber was ist, wenn sich eine ganze Gesellschaft im Wandel befindet? Wie gehen wir damit um, wenn gewisse Regeln einfach nicht mehr funktionieren, nicht mehr glaubwürdig für uns sind?

Die Indigokinder haben hier schon einen wunden Punkt der Gesellschaft berührt. Und wenn man beginnt, Kinder ruhig zu stellen, nur damit unsere Gesellschaft reibungslos funktionieren kann, dann habe ich hier schon so meine Fragezeichen.

Sind diese Kinder nicht unsere Zukunft, sollen sie nicht unsere neue Gesellschaft formen, sollten wir nicht unsere Gesellschaft den Bedürfnissen dieser Kinder anpassen?

Kein leichter Weg, aber ich denke, es wäre der richtige Weg. Wenn die Kinder in der Schule nicht funktionieren, wieso überdenkt man dann nicht die Schule? Ist die Gesellschaft so träge geworden?

Die Kristallkinder sind eher sanft in ihrer Ausstrahlung, sie werden nicht mit dem Kopf durch die Wand gehen, aber auch sie fordern einen Wandel im Denken und Handeln unserer Gesellschaft.

Ihre sensible Art hilft ihnen, die Menschen auf sanfte

Art zu berühren, meist sind sie sehr angenehme Kinder, die auch von Kindergärtnerinnen und Lehrern geschätzt und gemocht werden. Ihre sensible Art, macht ihnen aber auch zu schaffen. Sie wissen sehr gut, was ihnen guttut oder schadet. Zwingt man sie zu etwas, das ihnen nicht entspricht, können sie sehr heftig reagieren. Weinkrämpfe sind nicht selten bei diesen Kindern, man kann sie kaum mehr beruhigen. Sie selbst sagen oft: „Ich kann einfach nicht aufhören."

Manchmal ziehen sie sich aber auch ganz zurück, werden sehr ruhig und nehmen kaum mehr am aktiven Leben teil.

Viele sind sehr sozial und teilen sehr gerne. Manchmal muss man sie da auch ein wenig bremsen, wobei mir mein Sohn dann aber sagte: „Mami, alles was ich gebe, kommt doch wieder zu mir zurück. Es macht mir Freude, anderen Freude zu bereiten."

Mein Sohn hat mit ungefähr fünf Jahren beschlossen, keine toten Tiere mehr zu essen. Er macht einen großen Bogen um Fleisch und meidet es seit nun schon zwei Jahren. Er ist der einzige reine Vegetarier in unserer Familie, isst aber sehr gerne Eier und trinkt auch gerne Milch. Ich vertraue ihm und seiner Wahrnehmung in diesem Falle ganz, er weiß schon, was ihm guttut.

Viele Kristallkinder verlassen sich sehr gut auf ihre Wahrnehmung; mein Sohn zum Beispiel fühlt immer, ob ein Nahrungsmittel gut für ihn ist. Er hält die Hand darüber und achtet darauf, ob es zu kribbeln beginnt. Nach dem gleichen Verfahren sucht er sich die passenden Steine, Schüsslersalze und Bachblüten aus. Ich bin immer wieder erstaunt, wie gut die ausgesuchten Mittel seinem Wesen und seiner aktuellen Situation entsprechen.

Einmal kamen wir beim Spazierengehen an eine Weggabelung, und wir wussten nicht recht, welchen Weg wir gehen sollten. Yannick stellte sich hin, streckte beide Arme aus und sagte: „Hier kribbelt es, wir gehen da lang!"

Kristallkinder sind oft Träumer, versinken ganz in ihre Welt. Sie erleben dort wundervolle Dinge. Ihre Wahrnehmung ist so ausgeprägt, dass sie oft Engel oder Naturgeister wahrnehmen, Sie können diese vielleicht nicht immer einordnen, aber sie spüren deren Anwesenheit oder können sie sogar sehen.

Leider sehen die Kinder nicht nur Lichtwesen, oft nehmen sie auch Schattenwesen wahr. Es handelt sich dabei oft um verlorene Seelen, also Verstorbene, die noch nicht ins Licht gegangen sind. Diese Seelen werden vom hellen Glanz der Kinder angezogen, und oft haben die Kinder Angst vor diesen Wesen. Da sie oft abends und in der Nacht auftauchen, leiden die Kinder dann vor dem Schlafengehen unter Angst, weinen, zeigen vielleicht in eine Ecke des Zimmers, ohne dass wir Eltern dort etwas sehen können.

Bitten Sie dann doch die Engel um Hilfe. Diese sollen oberhalb des Bettes ihres Kindes ein Lichttor öffnen. Dieses ist heller als das Licht der Kinder und wird die verlorenen Seelen stärker anziehen. Ihr Kind wird dann bald ruhiger schlafen können. Ein schwarzer Turmalin unter dem Bett hilft ebenfalls.

Mit der Zeit lernen die Kinder auch, mit diesen Wahrnehmungen umzugehen und erkennen, dass jedes Wesen eigentlich nur auf der Suche nach dem Licht und der Liebe ist.

Aussagen von Eltern

Michael, 3 Jahre,
sagte zu seiner Mutter: „Ich bin da, um das Licht wieder auf die Erde zu bringen."

Charlotte, 9 Jahre
„Sie ist sehr sensibel, sie hat Mühe, wie wir mit der Umwelt umgehen, dass Tiere gequält werden und gewichtet Tadel viel stärker als Lob."

Alina, 4 Jahre
„Sie hat große Verlustangst und oft Albträume. Alina ist sehr zappelig, und wir wurden schon öfters gefragt, ob sie hyperaktiv sein könnte. Sie erzählt aus früheren Leben, warum sie auf der Welt ist, von ihren Freunden, die im Himmel leben, und vieles mehr. Sie ist sehr dickköpfig, und was sie nicht interessiert, das macht sie nicht. Oft hilft es nicht, ihr gut zuzureden oder zu schimpfen. Sie bringt uns oft dazu, Regeln und Erziehungsmethoden zu überdenken und zu ändern."

Regenbogenkinder

Sie sind die wahren Erdenbewohner, ihr Herz, ihr Geist ist rein. Sie sind angefüllt mit Liebe und Bewusstsein und sich ihrer Aufgabe ganz bewusst. Sie bringen das Gleichgewicht auf diese Erde zurück.

Sie werden nun schon vereinzelt geboren, doch in circa zehn Jahren kehren viele Regenbogenkinder zurück auf die Erde. Bis dahin haben die Indigo- und auch die Kristallkinder den Weg für diese wunderbaren Geschöpfe bereitet und werden diese begleiten.

Erzengel Metatron zu den Regenbogenkindern

„Sie bringen alle Farben auf die Erde, stellen das Gleichgewicht zwischen weiblicher und männlicher Energie wieder her. Sie berühren die Herzen der Menschen, bringen sie ins Gleichgewicht. Nicht alle Menschen können mit der Ausstrahlung der Regenbogenkinder umgehen, denn auch sie sind fordernd, wenn auch auf eine andere Art als die Indigokinder.

Die Regenbogenkinder werden erst vereinzelt geboren, einige sind schon hier, und es werden immer mehr. Sie tragen die Balance zwischen der weiblichen und der männlichen Energie in sich, und genau diese Balance sollen sie auf die Erde zurückbringen."

Ich nehme die Regenbogenkinder meistens mit der Energie von allen Farben wahr. Meiner Erfahrung nach ist immer die Farbe am stärksten, die momentan innerhalb der Familie, dem Umfeld, am meisten gebraucht wird. Ich sehe bei vielen Regenbogenkindern eine rosa Aura. Diese Farbe steht für Liebe und Harmonie. Es kann auch damit zu tun haben, dass ich diese Farbe eher als weiblich bezeichnen würde, und ich denke schon, dass immer noch ein Ungleichgewicht zwischen männlicher und weiblicher Energie in unserer Gesellschaft herrscht. Gerade Männer spüren das, sie merken, wie sich ihre weibliche Seite immer mehr regt, und müssen oft erst lernen, mit dieser neuen Energie umzugehen. Ich denke, jeder sollte für sich eine gewisse Balance zwischen seiner weiblichen und seiner männlichen Seite anstreben, da ich überzeugt bin, dass wir so erst wirklich zu denen werden, die wir wahrhaft sind.

Die Regenbogenkinder haben es nicht einfach. Sie vermitteln das Gefühl, nur schwer auf dieser Welt anzukommen. Sie scheint ihnen fremd zu sein, die Energien zu stark, zu emotional, zu wirr.

Sie lieben die Harmonie und Balance, finden diese aber nicht einmal bei uns Eltern, da wir meist auch im Ungleichgewicht sind. Für mich sind die Regenbogenkinder mit ihrem Verhalten die Spiegel unserer Welt. Wenn ich meine Tochter betrachte, staune ich oft nicht schlecht; einerseits ist sie extrem liebevoll und zärtlich, auf der anderen Seite kann sie extrem ausrasten, mit Schlägen und Schreien.

Diese Kinder wissen nicht, wie sie mit unseren schweren Emotionen wie Angst, Wut, Hass oder Neid umgehen sollen. Es scheint, als hätten sie dafür keine Verwendung. Aber diese Emotionen sind sehr stark in jedem von uns vertreten, und die Kinder brauchen ein Ventil dafür, und diese finden sie oft in ihren Wutausbrüchen. Indem sie diese Gefühle übernehmen und ausleben, versuchen sie, sie zu verarbeiten, aber Harmonie können sie so nicht schaffen.

Die Regenbogenkinder haben selten Angst vor dunklen Wesen und verlorenen Seelen, mir scheint, sie gehen schon viel natürlicher damit um. Manchmal übertreiben sie es auch; meine Tochter zum Beispiel liebt die Streiche der Kobolde und lädt sie nur allzu gerne zu uns ein, nicht immer zu meiner Freude…

Sie wurde längere Zeit von einem Wesen begleitet, das ich nicht richtig einordnen konnte. Es war nicht böse, aber es brachte unsere Familie ganz schön durcheinander und somit sehr viel Unruhe in unser Leben. Oft habe ich dieses Wesen in Liebe weggeschickt, aber es kam immer wieder. Aus irgendeinem Grund rief Gioia (meine Tochter) es immer wieder zurück. Mir wurde dabei klar, dass ich eher nachfragen sollte, was meiner Tochter fehlt, warum sie dieses Wesen braucht? Wer weiß, ob sie es nicht selbst mit ihrer Gedankenkraft erschaffen hat? In dieser Zeit wollte sie nie Steine tragen. Sie war noch nie so fasziniert von Steinen wie Yannick, aber sie liebte sie immer. Aber in dieser Zeit zog sie die Steine nur widerwillig an und schon kurz danach wieder aus. Das war also kein Weg zur Besserung für uns. Was genau den Durchbruch bewirkt hat, kann ich nicht sagen, da wir fast gleichzeitig ein neues Aura Soma aussuchten, Schüsslersalze und Bachblüten einsetzten. Sie wählte in dieser Zeit zielsicher Bachblüten, die von tiefer Verzweiflung zeugten, gleichzeitig solche mit sehr starker Dominanz, bis hin zum tyrannischen Typ.

Seitdem das Wesen gegangen ist, ist Gioia viel ausgeglichner, ihre Wutanfälle seltener und weniger heftig. Die Schläge gegen mich sind nun ganz verschwunden.

Aussagen von Eltern

Nina, 4 Jahre
„Nina hält keine Regeln ein. Ich kann sie nicht „bestrafen", denn es ist ihr egal, wenn sie etwas nicht mehr darf.
Sie lernt nicht aus Erfahrungen und möchte unnötige Dinge nicht lernen, zum Beispiel ihren Namen schreiben, sie weiß ja, welche Zeichnungen ihr gehören!
Wenn sie keinen Ausweg mehr sieht aus einer Situation, gibt sie nie nach, sie findet immer einen Kompromiss.
Nina hat viele Wutausbrüche (wie ein wildes Tier)."

Lukas, 1 1/2 Jahre
„Er ist sehr sensibel, sehr harmoniebedürftig. Er erträgt schon kleinste Meinungsverschiedenheiten/Wortgefechte unter Erwachsenen nicht. Er will am liebsten immer alle seine Lieben um sich haben und reagiert sehr empfindlich auf Trennungen."

Ich kann Ihnen kein Formular anbieten, bei dem Sie beim Ankreuzen der Antworten herausfinden können, wo Sie ihr Kind einordnen können. Lesen Sie dieses Buch und lassen Sie dann Ihre Intuition darüber entscheiden.

Schlussendlich ist jedes Kind einzigartig, ob nun Indigo-, Kristall- oder Regenbogenkind. Es gibt auch noch viele andere Bezeichnungen, und selbst innerhalb der einzelnen Bezeichnung könnte man noch weiter differenzieren, aber wozu? Fördern wir unser Kind doch individuell.

Yannick nehme ich zum Beispiel immer mit Engelflügeln wahr, und er ist auch sehr an Engeln interessiert. Gioia bezeichnet sich selbst als Elfen-Regenbogenkind, und wer sie sieht, wird unwillkürlich an einen Kobold erinnert. Sie liebt Elfen über alles.

Was bedeutet es, ein Kind der Neuen Zeit zu haben?

Nichts besonderes, es ist schlicht und einfach die Realität unseres Zeitalters. Trotzdem sind wir Eltern gefordert, denn diese Kinder passen nicht mehr in das Schema der heutigen Gesellschaft. Die Kristallkinder mit ihrem großzügigen Herzen werden oft von anderen Kindern ausgenutzt, die Regenbogenkinder oft nicht verstanden.

Die Herausforderung liegt darin, die Kinder in beiden Welten zu stärken, ihnen zu helfen, sich in der realen, der materiellen Welt zurechtzufinden, ohne dabei ihre Wahrnehmung und ihre speziellen Fähigkeiten zu verleugnen.

Ich bin überzeugt, jedes Kind ist medial begabt, so, wie jedes Kind singen kann. Fördern Sie ihr Kind, wo es ihm Spaß macht. Ob aus ihrem Kind nun ein Popstar oder ein Opernsänger wird, ist doch nicht wirklich wichtig. Es ist einfach schön, wenn ein Kind singt. Sollte es nicht genauso selbstverständlich in seinen medialen Fähigkeiten gefördert werden, wenn es ihm Spaß macht?

Ich hoffe, Sie finden in diesem Buch einige Anregungen dazu.

Lady Nada

„Für die Kinder der Neuen Zeit ist wichtig, dass sie so, wie sie sind, in die Gesellschaft integriert werden.

Es ist wichtig, dass sie ihre Fähigkeiten entwickeln und ihre Kraft leben können.

Einerseits glaubt eure Gesellschaft an die Individualität, und diese hat einen großen Stellenwert. In Schule und Beruf versucht aber die gleiche Gesellschaft, alle gleich zu machen, und jeder ist so wieder nur Mittelmaß, da die speziellen Begabungen des Einzelnen nicht gefördert, nicht gelebt werden können. Dieses Gleichmachen der Gesellschaft funktioniert aber nicht. Aus diesem, und nur aus diesem Grund, gibt es Randgruppen!

Ihr Erwachsenen müsst euch erinnern, wer ihr seid, euch an eure eigene Wahrheit erinnern und beginnen, diese endlich zu leben. Für uns, für die Kinder und für unseren Planeten."

Mediale Fähigkeiten
Mediale Fähigkeiten fördern

Ich bin davon überzeugt, dass man die medialen Fähigkeiten der Kinder genau so fördern soll wie die schulischen oder die musischen.

Was im Kindergarten meistens noch normal ist, nämlich die Fantasie der Kinder nicht nur zu tolerieren, sondern zu fördern, ist in der Schule dann meist verpönt. Kreativität wird nur am Rande gefördert, zu viel Eigeninitiative unterbunden.

Natürlich verstehe ich die Notwendigkeit von Regeln in der Schule, etwas mehr Kreativität und Flexibilität wäre aber wünschenswert. Das ist natürlich nicht nur vom Schulsystem abhängig, sondern und vor allem vom Lehrer. Wir hatten bisher großes Glück mit den Lehrern, die auch die Individualität der Kinder fördern.

Trotzdem liegt es vor allem bei uns Eltern, die medialen Fähigkeiten zu fördern oder sie zumindest nicht zu unterdrücken.

Was sind mediale Fähigkeiten?

Im Folgenden werde ich vor allem über das Hellfühlen, -sehen und -hören schreiben. Hellfühlende Menschen können sich sehr gut in andere Wesen hineinversetzen, sie spüren die Emotionen anderer körperlich. Hellsehende Menschen nehmen Energien wahr. Sie sehen die Aura von Menschen, Tieren und Pflanzen und können Wesen wahrnehmen, die nicht für alle sichtbar sind und sehen Geschehnisse voraus. Hellhörende Menschen können manchmal die Gedanken von anderen hören und nehmen die Stimmen von Engeln oder anderen Wesen wahr.

Bei Kindern zeigen sich diese Fähigkeiten im Alltag durch viel Fantasie, Tagträumerei und Selbstgespräche. Meist verfügen die Kinder über ein großes Einfühlungsvermögen. Sie übernehmen die Emotionen anderer, die sie dann durch Weinen, manchmal aber auch Aggression, zu verarbeiten versuchen. Das ist für uns nicht immer offensichtlich zu erkennen. Oft halten wir es für grundloses Weinen oder können den Wutausbruch nicht in direkten Zusammenhang mit dem Erlebten stellen.

Die Kinder zeigen eine große Liebe zu Tieren und Pflanzen; sie weinen zum Beispiel, wenn ein Baum gefällt wird, weil sie seinen Schmerz spüren.

Also in einer ersten Sichtweise sicher nichts, was man für den Alltag fördern möchte, oder etwa doch?

Die Kinder haben nun einmal diese Fähigkeiten, und werden sie unterdrückt, werden sie darunter leiden. Verdrängen hilft hier nicht. Wenn wir sie aber fördern, ihnen helfen, positiv mit diesen Fähigkeiten umzugehen, dann machen wir einen ersten wichtigen Schritt für ein gesundes Kind, das sich verstanden fühlt.

Hellfühlen

Die Fähigkeit, sich in andere Menschen, andere Wesen, einzufühlen, ist von großer Bedeutung. Es gäbe viel weniger Elend auf der Welt, wenn mehr Menschen das täten. Die Energie von Bäumen zu fühlen kann eine enorme Kraft und Stabilität in das Leben unserer Kinder bringen. Ich persönliche tanke viel und gerne Energie im Wald, und wenn ich ganz in dieser Ruhe bin, stört nicht einmal mehr ein Düsenjet!

Die hellfühlenden Kinder müssen auch lernen, sich gegebenenfalls abzugrenzen, oder, wenn sie dazu fähig sind, negative Energie in positive umzuwandeln, da sie sonst unter diesen emotionalen Eindrücken leiden.

Dr. med. Jakob Bösch sagt, dass viele Menschen, die zum Beispiel nicht unter andere Menschen gehen möchten, da sie dann plötzlich von Wut, Trauer oder anderen starken Emotionen überschwemmt werden, schlicht und einfach hellfühlend sind. Viele dieser Menschen befinden sich in psychiatrischer Behandlung und müssten vielleicht nur lernen, sicher besser abzugrenzen und mit ihrer Hellfühligkeit umzugehen.

Wir hatten sicher schon alle einmal Mitgefühl mit anderen Menschen oder Tieren, spürten ihren Schmerz, ihre Trauer oder auch ihre Freude. Bei hellfühlenden Menschen geht das noch etwas weiter, sie können diese Gefühle kaum von ihren eigenen unterscheiden. Also müssen sie lernen, zu unterscheiden, sich abzugrenzen.

Das ist nicht immer einfach, aber man kann es lernen. Ich kann mich voll in eine Situation geben, mitfühlen, mitleben, und dann werde ich mir wieder bewusst, wer ich bin, was ich fühle und grenze mich ab. Dazu braucht es natürlich auch das Bedürfnis, sich selbst gut zu spüren, seine eigenen Gefühle gut zu kennen.

Wieso überhaupt hellfühlen, wenn man sich dann wieder abgrenzen muss?

Hier eins von vielen Beispielen aus meiner Erfahrung als Tierkommunikatorin:

Eine Hündin aus dem Tierheim litt unter schlimmen Albträumen, jede Nacht. Sie erzählte mir ihre Geschichte, und ich weinte, ich fühlte mit ihr. Ich konnte ihr den Schmerz nicht nehmen, es war ihr Schmerz, aber ich konnte ihn mit ihr teilen. Auch die Besitzerin spürte den Schmerz körperlich. Mehr konnten wir nicht tun. Die Hündin hatte von diesem Zeitpunkt an keine Albträume mehr und schlief ruhig.

Beim Hellfühlen teilen wir etwas von Herz zu Herz miteinander, und dieses Mitfühlen kann der Beginn einer Heilung sein.

Hellfühlen hilft auch, uns auf verschiedene Menschen einzustellen. Wir verlieren darin nicht unser Ich, aber wir vergessen es für einen Moment und stellen uns auf das Du gegenüber ein. Dieses Sich-auf-den-anderen-Einstellen ermöglicht uns eine andere Sichtweise der Dinge, es ändert nicht immer unsere persönliche Meinung, aber es lässt uns die Sicht des anderen verstehen. So finden wir leichter zu einem Konsens.

Mir hilft das Einfühlen besonders bei kleinen Kindern oder Tieren, um ein körperliches Problem besser zu verstehen. Ich kann dann den Schmerz fühlen, und meistens bekomme ich dazu gleich die nötigen Bilder, um besser zu verstehen, was das Kind oder das Tier quält. So spüre ich einerseits den Schmerz oder die Verspannung und sehe andererseits auch die Ursache davon.

Aussagen von Eltern:

Michael, 3 1/2 Jahre
„Er reagiert sehr sensibel auf die Umwelt. Da er hellsichtig und -fühlig ist, darf niemand in unser Haus kommen oder im Restaurant an unserem Tisch sitzen, der sehr krank oder nicht ehrlich ist. Er reagiert dann sehr heftig und streckt oft schützend seine Hand vor uns Eltern.
Einmal durfte sich ein Mann nicht neben uns setzen und Michael sagte, dass der Mann sehr krank ist und bald sterben würde. Der Mann leidet an Leukämie.
Die Nachbarin darf nicht zu uns kommen, weil sie ihn, wie

er sagt, sehr traurig macht. Sie leidet an Depressionen."

Ich gehe später noch näher darauf ein, wie man das Hellfühlen schulen kann, wie man lernen kann, sich abzugrenzen, sei es als Kind, oder als Erwachsener.

Hellfühlen fördern

Das Wichtigste ist die Erdung. Viele Kinder der Neuen Zeit sind nicht besonders gut geerdet, sie fühlen sich mehr zu der Geistigen Welt hin gezogen und sind so weniger im Hier und Jetzt. Ich denke aber, es ist sehr wichtig, im Hier und Jetzt zu sein, denn genau hier haben die Kinder und wir unsere Aufgabe zu erfüllen.

Eine gute Möglichkeit, die Erdung zu stärken, ist die Baummeditation. Sie finden diese im Kapitel „Meditation".

Gehen Sie mit den Kindern viel in die Natur, es erdet sie, verbindet sie mit der Erde und schult ihre Wahrnehmung. Lassen Sie Ihr Kind oft barfuß laufen, auch das erdet. Sie können Ihr Kind auch ermuntern, einen Baum in Ihrer Umgebung als seinen persönlichen Freund auszuwählen. Lassen Sie das Kind ruhig den Baum umarmen, wenn es das möchte, und lassen Sie es ihn richtig spüren. Machen Sie es auf die Wurzeln aufmerksam, auf den Stamm, die Äste.

Fragen Sie Ihr Kind, was es fühlt, was es empfindet. Anfangs sind die Kinder eher wortkarg, da es noch ungewohnt ist, über diese Gefühle zu sprechen. Lassen Sie ihm Zeit. Schön wäre es, wenn Sie es selbst auch versuchen und diese Erfahrung mit dem Kind teilen. Vielleicht spüren auch Sie die Kraft, die von einem Baum ausgeht.

Der Baum kann ein Ort werden, an dem Ihr Kind von seinen Sorgen erzählen kann, und es weiß, dass der Baum es niemandem weitererzählen wird.

Meine Kinder bringen unserem Baum immer Geschenke mit, die sie auf dem Weg finden. Ein schöner Stein, eine Blume, im Frühling auch mal eine Walderdbeere oder im Sommer Brombeeren. Sie sagen, der Baum freue sich darüber.

Beim Sammeln von Heilkräutern sind meine Kinder auch oft dabei. Als ich vor kurzem Johanniskraut sammelte, fragte ich meine Kinder, was für ein Gefühl dieses Kraut in ihnen auslöst. Erst kam nichts, und dann sagte Yannick: „Freude", und Gioia: „Glück". Wenn man nun bedenkt, dass Johanniskraut stimmungsaufhellend ist, dann haben sie es doch sehr gut getroffen, nicht wahr?

Wenn wir im Zoo sind oder auf einem Bauernhof, lasse ich die Kinder sich in ein Tier einfühlen und frage sie, was sie als das Tier fühlen. Nehmen Sie jede Aussage ernst und erklären Sie dem Kind wahrheitsgetreu, was Sie denken und fühlen. Seien Sie ehrlich, verschönern Sie Dinge nicht, falls die Haltung nicht optimal ist. Ihr Kind würde merken, dass Sie nicht die Wahrheit sagen, und das würde es in seiner eignen Wahrnehmung verunsichern.

Wenn es meine Kinder auch traurig macht, so ist es mir doch wichtig, dass sie auch mit diesen Gefühlen umzugehen lernen. Ich schlage ihnen dann vor, dem Tier nun Licht und Liebe zu schicken. Wir stellen uns vor, wie wir unser Herz ganz weit öffnen und Licht und Liebe vom Himmel durch unseren Kopf in unser Herz fließen lassen, und von unserem Herzen dann zu dem Tier, bis es ganz in Liebe und Licht gehüllt ist. Danach bitte ich die Kinder, noch einmal reinzufühlen, ob es nun besser ist. So lernen sie auch gleich, dass Mitleid nicht wirklich hilft, sondern unsere Traurigkeit das Tier nur noch trauriger macht. Indem wir aber Mitgefühl für das Tier haben und es mit unserer positiven Energie unterstützen, können wir ihm zumindest ein Gefühl des Verstehens und des Mitfühlens geben. Mit positiver Energie können wir zumindest energetisch etwas bewegen, bei Mitleid aber nur weitere schwere Energie hineingeben und nichts zur Lösung des Problems beitragen. Selbstverständlich macht es Sinn, auf nicht ideale Haltungsbedingungen aufmerksam zu machen, aber nicht immer wird dieses ernst genommen, geschweige denn, etwas daran verändert. Wir können hier dann positive Energie reingeben und hoffen, dass es sich verändern darf und kann.

Man kann das Einfühlen auch mit einer Meditation üben. Das Kind sucht sich ein Tier aus, und wir führen es dann als das Tier durch eine Meditation. Erst soll sich das Kind langsam als dieses Tier bewegen, mit den Augen des Tieres sehen, mit der Nase riechen. Dann soll es sich ganz schnell bewegen, an den Lieblingsort gehen usw. Zum Schluss lassen Sie Ihr Kind fühlen, was die größte

Stärke dieses Tieres ist, zum Beispiel Schnelligkeit, Sanftmut, Kraft, Schlauheit usw.

Wenn Ihr Kind einen Streit hatte, lassen Sie es ruhig einmal in die Haut des anderen Kindes schlüpfen, wie sich dieses in der Situation fühlt. Es soll ja unterscheiden zwischen eigenen und fremden Gefühlen, gleichzeitig aber auch lernen, die Gefühle anderer zu respektieren. Das ist auch eine Möglichkeit bei einem Streit zwischen Eltern und Kindern. Das Kind versucht, sich in den Elternteil hineinzuversetzen, und Sie versetzen sich in die Lage des Kindes. Vielleicht findet sich ja so ein besseres Verständnis für die Bedürfnisse und Wünsche des anderen?

Eine schöne Möglichkeit, das Hellfühlen zu schulen, bieten uns die Heilsteine, die meisten Kinder fühlen sich sowieso zu ihnen hingezogen. Halbedelsteine und Edelsteine haben eine hohe Schwingung, mit deren Hilfe sie körperliche und seelische Blockaden lösen können. Lassen Sie Ihr Kind einen Stein seiner Wahl in die Hand nehmen. Wenn es mag, soll es die Augen schließen und den Stein einfach fühlen. Vielleicht spürt es Wärme oder ein Kribbeln? Wo geht denn die Wärme oder das Kribbeln hin? Was spürt es? Lassen Sie sich von den Aussagen überraschen.

Ein Kind nahm in einem meiner Kurse einen roten Stein in die Hand, der stark erdet. Es war ganz überrascht, weil es nicht in den Händen, sondern in den Füßen kribbelte.

Je mehr Ihr Kind lernt, sich bewusst in andere Wesen einzufühlen, je mehr lernt es auch, sich abzugrenzen. Es lernt, zwischen seinen und den Gefühlen anderer zu unterscheiden. Eine Hilfe in diesem ganzen Prozess können die Pomander von Aura Soma sein, denn sie helfen, besser bei sich selbst zu bleiben sowie abzugrenzen, ohne auszuschließen. Es gibt alle Pomander in einem Set, ich lasse meine Kinder immer aussuchen, welchen sie gerade brauchen, und habe sehr gute Erfahrungen damit gemacht.

Mehr zum Thema Aura Soma in den entsprechenden Kapiteln.

Hellsehen

Dann gibt es noch die Kinder, die hellsehen können. Sie sehen Energien, die „normale" Sehende nicht mehr wahrnehmen können. Das kann wunderbar sein. So haben sie Elfen, die mit ihnen spielen, sprechen mit ihrem Schutzengel, haben imaginäre Freunde, die nur sie sehen. Das kann für einige Eltern, Lehrpersonen oder Bekannte schon ein wenig, sagen wir mal, merkwürdig sein. Was ist aber, wenn die Kinder plötzlich in eine Ecke sehen und zu schreien beginnen oder abends nicht mehr ins Bett wollen, aus Angst vor bösen Geistern? Dann wird es schwierig.

Die Kinder sehen ja nicht nur schöne Energien, sie nehmen auch dunkle wahr, sehen vielleicht Verstorbene. Auch hier müssen die Kinder lernen, damit umzugehen.

Manche Kinder träumen auch Dinge, die dann passieren, was Eltern und Kinder verunsichern kann. Auch hier muss man lernen, mit diesen Träumen umzugehen.

Oft nehmen diese Kinder auch Wesen neben Menschen wahr, manchmal scheint so ein Mensch ganz nett zu sein, das Kind will ihm aber nicht Guten Tag sagen, sondern hat Angst. Es kann sein, dass es dann ein dunkles Wesen an der Seite dieses Menschen wahrnimmt, oder einen Verstorbenen, von dem die entsprechende Person noch nicht wirklich Abschied genommen hat.

Dann wieder lächelt es wildfremden Menschen zu, winkt und ist ganz aufgeregt, vielleicht steht dann ja ein Engel neben diesem Menschen, oder die Aura dieses Menschen ist wunderschön.

Mit den Wahrnehmungen umzugehen, ist auch nicht einfach, aber auch sie können von großem Nutzen sein. Nehme ich zum Beispiel ein dunkles Wesen bei meinen Kindern wahr, so rede ich mit diesem, höre mir an, warum es da ist, und löse dann die Situation in Licht und Liebe auf.

Wesen aller Art wahrzunehmen ist für mich eine wunderbare Bereicherung meines Lebens, und was schadet es mir oder anderen, wenn ich Einhörner sehe und über die Kapriolen von Kobolden lachen kann?

Oft bemerke ich, dass ich vor meinem geistigen Auge Bilder zu einem Gespräch sehe. Wenn mir jemand von einer Situation erzählt, kann ich diese manchmal als kleinen Film sehen.

Aussagen von Eltern

Robin, 1 Jahr
„Er weint, wenn er dunkle Wesen im Zimmer sieht, schaut oft an mir vorbei (vermutlich zu Wesen) und lächelt, wenn er Engel sieht."

Charlotte, 9 Jahre
„Am Grab meines vor fünfzehn Jahren verstorbenen Groß-
vaters und der vor neun Jahren verstorbenen Großmutter
hat sie die beiden rechts und links vom Grabstein gesehen. Und zwar so, wie sie begraben worden sind. Außer-
dem kann sie die Aura sehen."

Lukas, 5 Jahre
„Es ist bei ihm schwer abzuschätzen, was Wahrnehmungen und was Fantasie ist. Früher hatte ich das Gefühl, er
nähme andere Wesen wahr, heute hab ich eher das Gefühl, dass vieles Fantasie ist."

Alina, 4 Jahre
„Sie sieht Engel, Verstorbene, Licht- und Schattenwesen.
Wenn sie dunkle Wesen sieht, dann schreit und zittert sie
und klammert sich an mich."

Michael, 3 1/2 Jahre
„Er redet von Engeln, die er sieht, und meint manchmal,
dass wir wieder mal reinigen sollten, weil da ein Wesen mit
einem hässlichen Kleid sei."

Hellsehen fördern

Das Hellsehen fördert man am besten mit kleinen Fantasiereisen oder Kurzmeditationen, was für mich eigentlich dasselbe ist. Hier eignen sich alle Meditationen, die Sie im entsprechenden Kapitel finden, oder erfinden Sie selbst welche.

Hellsehen kann man auch schulen, indem man die Kinder bittet, einmal eine Blume, ein Tier oder einen Menschen länger anzusehen, ohne zu blinzeln. Kann das Kind einen hellen Schein um die Blume sehen, oder sogar eine Farbe? Dann kann es die Aura der Pflanze wahrnehmen, oder die des Tieres, des Menschen usw. Farben sagen viel über den Gemütszustand eines Tieres oder von Menschen aus, ebenso über die Heilkraft einer Pflanze. Farben haben Bedeutung, Farben können Harmonie in Störungen unseres Körpers oder unserer Seele bringen.

Wenn Sie in der Natur sind, fragen Sie Ihr Kind doch einmal, ob es Naturgeister sehen kann. Vielleicht sieht es sie als kleine Lichter, oder es kann Ihnen diese Wesen bis ins kleinste Detail beschreiben. Lassen Sie sich überraschen.

Lehren Sie Ihr Kind auch, dass es diese Wesen, ob Freund oder Bedrohung, jederzeit wegschicken kann, wenn es das möchte. Freunde werden das immer respektieren. In der Schule kann es doch sehr störend sein, wenn ein kleiner Kobold die ganze Zeit irgendwelche Kapriolen macht. Wesen, die Ihr Kind als Bedrohung empfindet, soll es seinem Engel übergeben. Das Kind kann den oder die Engel einfach bitten, das Wesen ins Licht zu führen.

Manchmal sehen Kinder auch Dinge, die passiert sind oder passieren werden, vor ihrem inneren Auge. Oft macht es ihnen Angst, oder es verwirrt sie. Hier ist es besonders wichtig, immer ein offenes Ohr für Ihr Kind zu haben und es so gut wie möglich zu unterstützen.

Für mich sind die Bilder, die ich während einer Beratung sehe, sehr wichtig. Manchmal kann ein Bild mehr aussagen als viele Worte. Es vermittelt mir Gefühle, und ich verstehe meistens ganz genau, was dieses Bild mir sagen will. Oft kann ich Szenen aus dem Leben eines Menschen oder Tieres sehen, meistens dann, wenn der Betreffende nicht in Worten darüber reden kann oder will. Ich denke, dass dann das Unterbewusstsein des Menschen oder des Tieres mir diese Bilder schickt. Worte, ja, sogar Gedanken kann man „zensieren", aber was ich an Gefühlen oder Bildern erhalte, ist wahr und ohne Zensur.

Hellhören

Dann gibt es noch das Hellhören, das heißt, wir hören oder denken Worte, die nicht die unseren sind. Das kann sehr verwirrend sein. Mein Sohn sagte einmal am Tisch: „Hat jemand etwas gesagt? Ach nicht, dann war es wieder die Stimme vom Himmel, die ich gehört habe."

Ich höre keine Stimmen, es sind Gedanken, die durch meinen Kopf gehen, und es sind nicht meine. Das zu unterscheiden ist nicht immer ganz einfach. Oft sind es die so genannten Blitzgedanken, die wir haben, und dann denken wir: „Wie komme ich jetzt darauf", oder „Warum ist mir das nicht gleich eingefallen?"

So erging es mir jahrelang, ich habe es aber nie hinterfragt. Nur fragte mich so mancher Arzt oder Tierarzt schon, wieso ich dieses oder jenes schon wusste.

Mit der Tierkommunikation schulte ich mein Hellhören, und schon bald hörte ich neben Tieren auch Blumen, Bäume, Engel und Naturgeister. Anfangs war das noch etwas erschreckend, aber mit der Zeit wurde es wundervoll und bereichernd.

Meine Kinder sagen mir oft, dass Tiere oder Blumen nicht mit ihnen reden. Ich denke, sie erwarten, eine Stimme zu hören. Trotzdem kommen sie dann nach Hause mit Blumen für mich und sagen: „Die Blumen wollten zu dir."

Oder sie sagen mir: „Heute ist eins der Pferde traurig."

Mein Sohn Yannick stand mit drei Jahren oft Kopf an Kopf mit einem meiner Pferde und lachte wie verrückt, wollte mir aber nie sagen, wieso. Als ich das Pferd fragte, hieß es einfach: „Das ist etwas zwischen uns."

Solche und ähnliche Erlebnisse hatte ich viele. Von einigen lesen Sie später noch.

Viele Kinder verfügen - wie ich - über alle diese Fähigkeiten und noch über etliche mehr.

Aussagen von Eltern

Nele, 3 Jahre
„Vor zwei Tagen erlebte ich in der Küche etwas „Sonderbares". Ich war gerade dabei, Kartoffeln zu schälen, als Nele, die hinter mir am Küchentisch saß, laut und deutlich sagte: „Hallo, Opa!", und dann fuhr sie fort, mit ihm zu kommunizieren. Sie nickte immer mit dem Kopf, sagte laut „Ja" und „gut", und nach einigen Minuten auf einmal „Tschüss". Das war mir fast ein bisschen unheimlich, denn unser Opa, mit dem sie Kontakt hatte, war vor einem 3/4 Jahr verstorben."

Hellhören fördern

Hellhören zu schulen ist einfach und schwer zugleich. Handelt es sich um eine fremde Stimme, kann man diese zwar klar von den eigenen Gedanken unterscheiden, dafür kann sie aber auch viel verwirrender sein. Ist das Hellhören aber mehr ein Helldenken, wird es schon viel schwerer, es von den eigenen Gedanken zu unterscheiden.

Bei Erwachsenen hat sich sehr das spontane Schreiben bewährt. Man setzt sich mit einem Blatt Papier hin, fragt einen geistigen Helfer, ein Tier oder ein anderes Wesen um Rat und schreibt dann auf, was einem in den Sinn kommt, ohne es zu hinterfragen. Wenn man damit fertig ist, wartet man einen Moment, geht ganz aus dieser Energie heraus und liest dann das Geschriebene noch einmal. Es ist oft erstaunlich, welche Redewendungen oder Worte darin vorkommen, und selbstverständlich ist auch der Inhalt oft verblüffend.

Das kann man auch mit Kindern, die schon gut schreiben können, versuchen. Meistens kommen aber auch schon wir Erwachsen in Zeitnot, da die Gedanken viel schneller sind als unsere Hand mit dem Stift.

Man kann aber auch einen kurzen Fragebogen zusammenstellen, zum Beispiel für das Haustier. Dann lässt man das Kind sich in das Tier einfühlen. Danach kann man Fragen stellen, wie zum Beispiel:

Wie geht es dem Tier?

Was wünscht es sich?

Hat es genügend Futter?

usw.

Hier können dann Bilder oder Gefühle bei dem Kind aufkommen, welche es versuchen soll, mit Worten zu beschreiben.

Meine Kinder haben beim Hellhören sehr lange erwartet, dass sie das Tier hören und sehen müssen, wie zum Beispiel in einem Zeichentrickfilm. Hier hatte ich Erfolg, indem ich dann eher auf das Fühlen einging, und plötzlich kamen Worte und nicht nur Gefühle.

Wie fühlt sich das Tier?

Ist es satt, oder hat es noch Hunger?

Hat es einen Wunsch?

Was denkt es über dich?

usw.

Haben Sie als Kind auch gelernt zu beten? War es nicht eher einseitig? Wir haben zwar gebetet, aber es kam nie eine Antwort, oder? Wahrscheinlich vor allem, weil wir keine Antwort erwarteten. Aber wieso soll Ihr Kind nicht mit seinem Schutzengel oder auch mit Gott reden? Lassen Sie doch das Abendgebet zu einem Gespräch werden, in dem Ihr Kind seine Sorgen oder Freuden mit seinem Engel oder einem anderen Lichtwesen teilen kann.

Das Kind kann seinem Engel oder auch Gott gerne auch einen Brief schreiben und sich dann vorstellen, was der Engel oder Gott wohl zurückschreiben würde.

Spielen, Basteln und Rituale

Rituale helfen uns und unseren Kindern, die Verbindung zur Geistigen Welt aufrechtzuerhalten, in den Alltag zu integrieren und zu schulen. Es handelt sich hier um wiederholte Tätigkeiten, die einen festen Platz in unserem Leben haben. Kreativität spielt bei der Entwicklung von Kindern und ihren Fähigkeiten eine große Rolle, und deshalb finden Sie in diesem Kapitel auch die eine oder andere Bastelidee.

Wasser energetisieren

Der Japaner Dr. Masaru Emoto gab einen Bildband heraus, in dem er anhand von aufgenommenen Wasserkristallen mit Vorher-/Nachher-Effekt die Wirkung von Worten, Bildern oder Musik demonstriert. Er fotografierte zum Beispiel Leitungswasser, bevor es mit Liebe aufgeladen wurde, und danach. Die Veränderung ist verblüffend. Wasser ist ein großartiger Energieträger, und da wir selbst aus einem sehr großen Anteil Wasser bestehen, können wir diese Energie sehr gut nutzen.

Wir können spielerisch die Qualität unserer Getränke verbessern und das Kind gleichzeitig für seine eigenen Bedürfnisse offen werden lassen. Lassen Sie Ihr Kind farbenfrohe Wasseruntersetzer zeichnen. Sie können ihm erklären, dass das Wasser die fröhliche Schwingung des

Bildes übernimmt und man so beim Trinken auch fröhlicher wird. Die Kinder können dem Bild auch ein Gefühl zuordnen, das sie in ihr Leben holen wollen, zum Beispiel Glück, Freude, Geborgenheit usw.

Spielerisch können wir auch den Körper der Kinder „aufladen", indem wir mit Lippenstift oder Schminkfarbe auf ihrem Körper etwas zeichnen oder schreiben. Meinen Kindern gefällt es sehr, wenn ich eine Sonne oder ein Herz auf ihren Bauch zeichne und dann Glück oder Liebe dazu schreibe. Sie lieben den Körperkontakt dabei und die Aufmerksamkeit, die man ihnen schenkt. Danach sehen sie sich dann die Zeichnungen im Spiegel an und verstärken so die Wirkung der Zeichnungen. Es löst bei ihnen glückliche Gedanken aus.

Die Kinder können ihr Trinkwasser auch mit Heilsteinen aufwerten, hier eignen sich, mit ganz wenigen Ausnahmen, fast alle Halbedelsteine. Mit Bergkristall, Fluorit und Rosenquarz liegen Sie nie falsch. Die Steine geben ihre Schwingung weiter an das Wasser, aktivieren seine Heilungskräfte und steigern seine Lichtqualität.

Mit Naturprodukten Balsame und Sirups herstellen

Ich stelle zusammen mit meinen Kindern Balsam und Sirup her. Wir nennen das dann Hexenküche. Es ist für die Kinder sehr spannend zu sehen, wie aus verschiedenen Materialien ein Balsam oder Sirup entsteht. Wir kochen unseren eigenen Hustensirup aus selbst gesammeltem Spitzwegerich.

Hier gibt es viele Möglichkeiten, spielerisch die Naturverbundenheit der Kinder zu fördern. Ich lasse die Kinder die Pflanzen vor dem Pflücken immer spüren. Man reibt sich dazu die Hände und hält sie über die Pflanzen, meist verspürt man dann ein Kribbeln oder eine Wärme. Oder die Kinder sollen mir spontan sagen, was sie über die Pflanze denken, oder was für ein Gefühl sie ihnen gibt. Die Kinder bitten auch immer um Erlaubnis, bevor sie die Pflanzen pflücken und sagen ihnen auch, wofür sie sie brauchen. Die selbst hergestellten Balsame oder Sirups werden viel lieber angewendet als gekaufte!

Ein einfaches Rezept für einen guten Erkältungsbalsam:

Für einen Öl-Auszug von Thymian gibt man frischen oder getrockneten Thymian in eine Glasflasche; wenn man mag, kann man auch noch einen Bergkristall oder andere Heilsteine in die Flasche geben, sie verstärken die Heilwirkung. Die Flasche wird dann mit kaltgepresstem Bio-Olivenöl aufgefüllt und gut verschlossen mindestens drei Wochen an einen sonnigen Ort gestellt. Zwischendurch gut durchschütteln.

Für den Balsam braucht man:

10 g Kokosfett
5 g Bienenwachs
15 g abgesiebten Thymian-Ölauszug

Erst das Kokosfett und das Bienenwachs im Wasserbad schmelzen, dann langsam den Öl-Auszug dazugeben.

3 bis 5 Tropfen ätherisches Thymian dazugeben, sorgfältig durchrühren, und das noch heiße Fett in eine Dose füllen.

Bei Erkältung und Husten auf Rücken und Brust auftragen.

Die Zutaten bekommt man in den meisten Drogerien oder Reformhäusern.

Es kann auch spielerisch sein, Wildblumen an Waldrändern auszusäen, wenn wir später mit den Kindern wieder hingehen und ihnen erklären, wie sich nun Insekten und Naturgeister über die Blumen freuen. Es gibt Naturwiesenmischungen von WWF oder ProNatura. Wir wollen ja nicht aus Versehen eine Pflanze säen, die dann unsere einheimische Flora verdrängt.

Mit der Aura arbeiten

Jedes Lebewesen ist von einem hellen Schein umgeben, einem Energiefeld, der Aura. Es gibt Menschen, die die Aura in den verschiedensten Farben sehen können. Ich sehe sie jeweils als ein helles Licht, das die Menschen, Tiere und Pflanzen umhüllt. In meiner Wahrnehmung sehe ich dann auch die Farben. Man kann die Aura, das Energiefeld, um ein Lebewesen oder einem Gegenstand auch mit den Händen fühlen. Das ist eine sehr gute Übung für das Hellfühlen, denn es zeigt den Kindern, wie sich ihr Energiefeld auch durch Gedanken verändern kann.

Das Kind, dessen Aura gefühlt wird, soll sich zuerst vorstellen, dass es groß ist, sich gut fühlt und alles erreichen kann. Das fühlende Kind reibt sich die Hände und spürt am Körper des anderen Kindes entlang. Kribbelt es, wie weit weg vom Körper spürt das Kind noch die Aura des anderen? Verändert sich der Abstand vom Körper, die Größe der Aura, wenn das andere Kind nun denkt: „Ich bin ganz klein, man kann mich leicht übersehen, und ich schaffe ja sowieso nichts?"

Auch die Aura zu sehen kann man schulen. Lassen Sie Ihr Kind längere Zeit eine Blume oder Pflanze betrachten, möglichst ohne zu blinzeln. Wahrscheinlich kann es dann ein etwa zwei cm breites Band aus Licht rund um die Pflanze sehen und eventuell sogar Farben wahrnehmen.

Heilenergie senden

Jeder Mensch verfügt über die Möglichkeit, mit seinen Händen heilende Energie zu spenden. Viele Eltern machen dieses unbewusst, wenn sie die Kinder beim Trösten in die Arme nehmen. Ist Ihnen schon aufgefallen, dass man dabei meist eine Hand auf den Rücken des Kindes legt und beruhigende Worte sagt? Ich bin überzeugt, das ist eine angeborene Art, Heilenergie zu senden.

Wenn wir Heilenergie senden, wirken wir als Kanal für die Kraft, aber es ist nicht Sinn und Zweck, dass wir unsere Energie senden und uns danach ausgelaugt fühlen. Vielmehr bitten wir um geistige Hilfe und lassen die Heilenergie durch unser Scheitelchakra in uns und schließlich in unser Herz fließen. Von dort lassen wir die Energie dann in unsere Hände fließen und geben sie weiter.

Wenn Sie das mit Ihrem Kind einmal ausprobieren möchten, lassen Sie Ihr Kind erst die Handflächen aneinanderreiben. Bitten Sie das Kind, kurz die Augen zu schließen und sich vorzustellen, dass ein helles, wunderschönes Licht von oben in seinen Kopf fließt, und von dort ins Herz. Diese Energie soll es in seine Hände schicken und sich vorstellen, wie aus den Händen Licht und Liebe strahlen, und diese dann Ihnen oder einem anderen Kind senden. Das Gegenüber soll die Augen schließen, es genießen und danach erzählen, wie es sich angefühlt hat.

Erdung durch Tanzen

Wir machen ab und zu auch unseren Mutter Erde-Tanz. Wir haben ein bestimmtes Lied, das ich etwas lauter aufdrehe, und wir tanzen dann dazu. Es ist für unsere Erde und hoffen, dass es ihr gefällt. Uns macht es jedenfalls viel Spaß!

Träume und Wünsche senden

Seifenblasen eignen sich hervorragend zum Versenden von Träumen und Wünschen. Wir überlegen uns erst, was wir uns wünschen, zum Beispiel gesunde Wälder, klare Seen, Frieden, keinen Hunger auf der Welt, oder auch ganz persönliche kleine und große Wünsche. Dann stellen wir uns vor, wie wir diese Wünsche in die Seifenblase hineinblasen und sehen zu, wie sie davonschweben. Ich erzähle meinen Kindern dann immer, dass nun die Engel oder die Naturgeister unsere Wünsche verteilen und an den richtigen Ort bringen, damit sie in Erfüllung gehen können.

Briefe oder Bilder an den Schutzengel

In den Engelkursen bastle ich mit den Kindern immer einen Engel. Manchmal ist es ein Engel mit Magneten, hier eignet sich fast alles, was Sie finden können und eher flach ist. Meist nehme ich dazu einen aus Holz ausgesägten Engel, den die Kinder dann nach Lust und Laune gestalten können. Dann muss auf der Rückseite nur noch ein Magnet angebracht werden, und fertig ist der Magnetengel. Auch aus WC-Rollen kann man fantasievolle Engel gestalten. Es gibt ganz viele Möglichkeiten und kreative Ideen, und Kinder können ihren Engel ganz nach ihren Vorstellungen gestalten. Sie können ihm Zeichnungen anfertigen oder kleine Briefe schreiben, indem sie ihm schöne und weniger schöne Erlebnisse schildern und ihre Wünsche und Hoffnungen mit ihm teilen. Diese Zeichnungen oder Bilder klemmt man dann unter den Magnetengel, oder rollt sie ein und steckt sie in den WC-Rollen-Engel. Über Nacht holt sich dann der Schutzengel seine Zeichnung oder seinen Brief. So werden der Kontakt und die Verbundenheit zum Schutzengel gefördert, und das Kind kann gleichzeitig die Eindrücke seines Tages verarbeiten und seine Sorgen und Hoffnungen mitteilen. Wenn dann ab und zu der Engel ein kleines Geschenk platziert, freuen sich die Kinder riesig.

Kleine Altäre oder Erinnerungsecken gestalten

Ihr Kind hat sicher irgendwo ein freies Plätzchen, wo man Engel- und Naturgeisterfiguren aufstellen kann. Die Kinder können sich dort eine eigene kleine Welt gestalten, die sie daran erinnert, dass auch die Engel und Naturgeister ein Teil unserer Welt sind.

Den Kindern macht es Spaß, immer mal wieder neue Figuren zu kaufen oder zu basteln und diese dann aufzustellen. Und ich denke, die Engel und Naturgeister freuen sich auch über einen kleinen „Gedenkplatz".

Naturgeisterhaus

Damit sich Naturgeister in unserem Haus und Garten willkommen fühlen, haben wir ihnen diverse kleine Häuser errichtet. Im Garten haben wir diese mit Fundstücken aus dem Wald gebaut, was den Kindern besonders Spaß gemacht hat. Hier reichen schon einige kleinere Holzstücke, die man in die Erde steckt, darüber ein großes Rindenstück, und schon hat das Haus ein Dach. Wenn man mag, kann man mit Steinen, Tannenästen und Rindenstücken Wände bauen.

Im Haus haben wir diverse Kobold- und Elfenhäuschen, die wir aus Vogelhäuschen, kleinen Kästchen mit Schubladen, aus Kartons und vielem mehr gebastelt haben, die nicht nur den Naturgeistern gefallen, sondern auch für manchen Erwachsenen ein Hingucker sind. Die Kinder können ihrer Fantasie hier freien Lauf lassen und diese Häuschen nach Lust und Laune bemalen und verzieren. Ich stelle ihnen Farbe, Pinsel, Klebstoff und diverses Dekomaterial zur Verfügung, und los geht's!

Wenn wir solche Häuser aus kleinen Schubladenschränken basteln, macht es den Kindern besonderen Spaß, die Schubladen als Schlaf-, Wohn- oder Esszimmer einzurichten. Und wenn es sich um ein Koboldhaus handelt, wird von Schublade zu Schublade entweder eine kleine Leiter angeklebt oder ein Seil montiert, damit die Kobolde auch ja in jeden Stock kommen.

Mit großer Freude fragen sie mich dann, ob wohl schon jemand eingezogen ist. Ich frage sie dann immer, was sie denken, und ob sie vielleicht schon einen Naturgeist gesehen haben.

Windspiele

Immer, wenn ein Windspiel zu klingen beginnt, ist gerade eine Elfe vorbeigeflogen, ein Engel gelandet, oder ein vorwitziger kleiner Kobold turnt auf dem Windspiel herum. Windspiele findet man problemlos, besonders schön sind sie natürlich, wenn man sie selbst gebastelt hat. Die Kinder freuen sich, wenn es zu klingen beginnt, und fragen sich dann, ob das nun eine Elfe oder doch ein Engel war, der es zum Klingen gebracht hat.

Wunschschachteln und Schatztruhen

Aus verzierten kleinen Kartons oder Holzschachteln werden Wunschschachteln oder kleine Schatztruhen. Die

Kinder können darin kleine Schätze aus der Natur aufbewahren oder andere Dinge, die ihnen viel bedeuten. Bei uns kommt in die Wunschschachtel immer ein Stein; das kann ein Halbedelstein, ein normaler Kieselstein oder ein aus Glas geschliffener Stein sein. Die Kinder füllen ihn an mit ihrem größten Herzenswunsch, sie denken ganz fest an ihren Wunsch und wie schön es sich anfühlt, wenn der Wunsch in Erfüllung geht. Dann stellen sie sich vor, dass der Wunsch nun in diesem Stein ist und legen diesen in die Schachtel. Die Kinder können den Stein dann immer wieder in die Hand nehmen und sich an ihren Wunsch erinnern. Wenn er sich dann erfüllt hat, können die Kinder den Stein unter laufendem Wasser reinigen und, wenn sie es möchten, wieder einen neuen Wunsch in ihre Wunschschachtel legen. Auch das Formulieren von Wünschen hilft den Kindern, besser mit ihren Gefühlen umzugehen. Es ist eine sehr gute Übung zu fühlen, wie es dann ist, wenn der Wunsch sich tatsächlich erfüllt. Fühlt sich das wirklich gut an, oder vielleicht doch nicht?

Zum Verzieren stelle ich den Kindern verschiedene Streudekos, Schmucksteine, Federn usw. zur Verfügung und lasse sie dann frei gestalten.

Stärken der Aura

Wir können die Aura auf verschiedene Arten stärken. Nur schon die zwei Worte „Ich bin" lässt das Energiefeld rund um unseren Körper wachsen. Sie können Ihr Kind sich auch vorstellen lassen, wie in seinem Herzen ein Licht zu leuchten beginnt. Dieses Licht breitet sich im ganzen Körper aus, bis dieser in dem hellen, schönen Licht leuchtet. Das Licht dehnt sich dann über den Körper hinweg aus, bis das Kind von einem hellen Licht umgeben ist, so dass es in einem eiförmigen Energiefeld steht. Hat das Licht vielleicht eine Farbe? Oder möchte das Kind es in einer bestimmten Farbe leuchten lassen?

Wenn es einmal schneller gehen soll, oder einfach, weil es ein sehr schönes Ritual ist, können sich die Kinder auch einen Pomander von Aura Soma aussuchen und sich damit die Aura sanft einstreichen. Es macht Kindern große Freude, und das Aussuchen der Farbe, der Duft der bei jedem Pomander ein anderer ist, stimuliert gleich mehrere Sinnesorgane.

Kerzen

Das gemeinsame Anzünden von Kerzen - besonders in der Winterzeit - ist ein wunderschönes Ritual. Wir sagen damit unseren Engeln oder auch den Naturgeistern Danke für alles, was sie für uns tun. Im Sommer zünde ich mit den Kindern öfters Räucherstäbchen an, wir sehen zu, wie der Rauch aufsteigt und danken so den Engeln und Naturgeistern.

Besonders Freude macht es den Kindern, wenn sie den Kerzenuntersetzer oder -ständer selbst gebastelt haben. Es gibt in Bastelgeschäften auch viele Möglichkeiten, Kerzen selbst herzustellen. Mit Kerzensand können schon die Kleinen wunderschöne Kerzen herstellen. Ein normales Trinkglas, ein Kerzendocht und verschiedene Farben Kerzensand, und Sie haben alles, was man für eine dekorative Kerze braucht. Nun noch Schicht um Schicht den Kerzensand auffüllen, und fertig ist das Kunstwerk. Mit etwas Hilfe können sogar Kinder im Alter von zwei bis drei Jahren eine schöne Kerze gestalten.

Auch Duftlämpchen sind eine schöne Möglichkeit, und das Kind kann sich seinen Lieblingsduft aussuchen oder sich überlegen, über welchen Duft sich sein Engel freuen würde. Jedes ätherische Öl hat eine andere Wirkung auf unsere Gesundheit und unseren Gemütszustand. Kinder mögen sehr gerne folgende Düfte: Mandarine, Orange, Vanille. Bitte nehmen sie nur die rein natürlichen Duftöle, die synthetischen duften zwar auch, haben aber nicht die gesundheitsfördernde Wirkung der natürlichen ätherischen Öle.

Das alles fördert die Verbundenheit zwischen dem Kind und der Geistigen Welt. Es lernt, Danke zu sagen für Dinge, die so vielen schon selbstverständlich geworden sind. Einfach Danke zu sagen, weil ein Wesen für einen da ist.

Heilsteine aussuchen

Viele Kinder haben ein sehr großes Interesse an Halbedelsteinen. Diese können über ihre Farben, aber vor allem auch über ihre Schwingung, Körper, Geist und Seele wieder in Harmonie bringen. Einen Steinanhänger oder einen Handstein für die Hosentasche auszusuchen hilft dem Kind, sich auf seine Wahrnehmung zu verlassen. Egal, ob es den Stein nur wegen der Farbe aussucht oder jeden einzelnen Stein in die Hand nimmt, bis sich einer besonders gut anfühlt, - lassen Sie Ihrem Kind hier freie Wahl. Ein so ausgesuchter Stein gibt dem Kind ein gutes Gefühl, sei es in der Spielgruppe, im Kindergarten oder in der Schule. Der Stein unterstützt das Kind, gibt ihm ein Gefühl von Vertrauen und Geborgenheit. Es gibt Steine, die die Konzentration fördern, solche die das Kind gut erden, Steine, die Selbstvertrauen vermitteln, und viele mehr.

Wir haben in einem kleinen Weidekörbchen ganz viele Halbedelsteine, und die Kinder lieben es, darin zu wühlen, einen Stein genauer zu fühlen, wieder zurückzulegen, den nächsten zu nehmen, bis sie dann den richtigen für sich gefunden haben.

Engel- oder anderen Karten ziehen

Wenn wir eine Engelkarte ziehen, laden wir bewusst die Energie der Engel in unser Leben. Engel greifen nicht einfach so in unser Leben ein, sie wünschen sich, von uns eingeladen zu werden. Es ist unser freier Wille, ob wir die Engel in unser Leben holen und sie um aktive Unterstützung bitten. Bei den meisten Karten stehen immer noch einige Worte, die uns helfen, die Energie des gezogenen Engels zu verstehen. Wer mag, kann sich dann auch aktiv mit dem Thema der Karte auseinandersetzen und so an seinem spirituellen Wachstum arbeiten.

Ob das Kind nun Lust hat, am Morgen eine Karte zu ziehen, damit der Engel es den Tag durch begleitet, oder es lieber einen Engel für die Nacht zieht, ist ganz dem Kind oder Ihrem Tagesablauf überlassen.

Das Kind kann die gezogene Karte in seinem Zimmer aufstellen oder sie zur Schule oder in den Kindergarten mitnehmen. Es gibt viele wunderbare Kartensets mit Engeln, Elfen, Einhörnern, Delfinen und vielem mehr. Besuchen Sie doch mit Ihrem Kind einen Buchladen und lassen Sie es sein persönliches Kartenset aussuchen. Wenn Sie mögen, können Sie dem Kind die Bedeutung der gezogenen Karte erklären oder einfach das Bild wirken lassen.

Krafttiere

Krafttiere sind Begleiter von großen und kleinen Menschen, die uns mit ihrer Energie unterstützten und uns helfen, unseren Weg zu gehen. Die meisten Kinder haben ein

Lieblingstier. Vielleicht ist es auch für Sie interessant, mal in einem Krafttierbuch die Bedeutung dieses Tieres nach-zulesen. Ich bin mir ziemlich sicher, dass Sie erstaunt sein werden, wie gut diese Energie zu Ihrem Kind und seiner momentanen Situation passen wird.

Durch das Aufhängen von Postern, Postkarten oder Aufstellen einen Plüschtieres können Sie die Verbunden-heit zu diesem Tier noch stärken und Ihr Kind so noch bes-ser unterstützen. Sie können Ihr Kind sich auch in sein Krafttier einfühlen lassen, so dass es sich eng mit diesem verbinden kann.

Mandalas

Es gibt für Kinder viele Malbücher mit Mandalas. Mei-nen Kindern hilft das Malen von Mandalas, in die Ruhe zu kommen, in ihre eigene Mitte zu finden. Durch das einer-seits konzentrierte Ausmalen der Mandalas und das freie Aussuchen der Farben werden die linke und die rechte Gehirnhälfte aktiviert und die Kinder in eine gute Balance gebracht.

Es gibt noch viele weiter Möglichkeiten, die Spirituali-tät und die Fähigkeiten Ihres Kindes zu fördern. Schaffen Sie eigene Rituale für sich und Ihr Kind, lassen Sie Ihren Ideen und Ihrer Kreativität freien Lauf.

„Hilfsmittel" zum Fördern der Spiritualität
Meditationen

Meditationen, oder nennen wir sie Fantasiereisen, ermöglichen es den Kindern, sich besser in der Geistigen aber auch in der realen Welt zurechtzufinden, da beide ein Teil ihrer Wirklichkeit sind. Es ist eine Geschichte, die wir den Kindern erzählen, bei der sie die Augen schließen und ganz abtauchen in das Reich der Energie, sich die Bilder dazu vorstellen. Und wenn sie lieber die Augen offen haben, ist das auch in Ordnung. Meine Tochter Gioia sagt, sie könne besser mit offenen Augen reisen. Die meisten Kinder lieben diese Reisen, für ganz kleine Kinder müssen sie aber kürzer sein.

Es ist immer wieder ein schönes Erlebnis, sich nach einer Meditation erzählen zu lassen, was die Kinder gesehen und gefühlt haben. Erwarten Sie am Anfang nicht zu viel, es ist vor allem für kleine Kinder nicht ganz einfach, diese Bilder und Gefühle mit Worten zu beschreiben.
Aber wenn dann Aussagen kommen, wie:

- Mir wurde ganz warm ums Herz,
- Mein Herz wurde zu einer Sonne,
- Ich fühlte mich so leicht,
- Es war einfach schön,
- Es war wie Fliegen,
- Das Licht war so hell, das hat richtig geblendet,

dann gibt mir das immer ein gutes Gefühl, und ich freue mich sehr darüber, dass ich dabei sein durfte.

Mit Kindern, vor allem den Kleineren, zu meditieren ist nicht immer ganz einfach. Man darf nicht erwarten, dass solch eine Meditation ganz ruhig abläuft. Kinder bewegen sich während dieser Reisen, sie öffnen auch ab und zu die Augen, sind aber trotzdem erstaunlich konzentriert bei der Sache.

Wenn ich eine Meditation für Kinder führe, halte ich mich eher kurz. Kinder sind extrem schnell abgetaucht in diese Welt, und wenn wir sie dort zu lange ohne Führung lassen, verlieren sie sich darin oder die Lust daran. Während Erwachsene immer wieder größere Ruhephasen brauchen, um sich ganz einzufühlen, ist das für Kinder nicht nötig. Sie erleben diese Zeit so intensiv, verlieren völlig das Zeitgefühl. Sie haben nach einer Meditation von fünf Minuten das Gefühl, sehr lange in dieser Energie gewesen zu sein.

Eine solche Reise führt in eine höhere Schwingungsebene und ermöglicht es den Kindern, einmal wirklich sie selbst zu sein. Für viele ist es eine Art des Heimkommens.

Für die Kinder, die schlecht geerdet sind, eignet sich hervorragend die Baummeditation. Passen Sie die Art der Formulierung Ihrem Kind an. Ob das Kind sich dabei hinlegt, auf Ihrem Schoß oder auf dem Boden sitzt, spielt keine Rolle. Sie und das Kind sollen sich dabei wohlfühlen. Vielleicht betrachten Sie vorher gemeinsam ein Bild von einem großen Baum, sprechen über die Wurzeln, die tief in die Erde reichen, und von den Ästen, die sich in den Himmel strecken.

Baummeditation

Schließe nun die Augen. Atme tief ein, bis in den Bauch hinein, und wieder aus. Lege vielleicht eine Hand auf den Bauch und spüre, wie sich die Hand bei jedem Einatmen hebt und bei jedem Ausatmen wieder senkt. Du bist ganz entspannt und atmest weiter tief ein und aus.

Stell dir vor, du stehst vor einem mächtigen Baum. Er ist wunderschön. Du spürst seine Energie. Du bekommst Lust, den Baum ganz fest zu umarmen. Tue das nun.

Es fühlt sich gut an, und während du den Baum so umarmst, merkst du plötzlich, dass du nun dieser Baum bist. Stell dir vor, dass nun aus deinen Füßen Wurzeln wachsen; mächtige Wurzeln wachsen mühelos ganz tief in die Erde hinein, durch Fels und Stein. Vielleicht helfen Zwerge mit ihren Hacken dabei, dass deine Wurzeln gut durch den Stein wachsen können. Sie wachsen bis in die Mitte der Erde, wo ein riesiger Feuerball, ähnlich wie die Sonne, ist.

Lass deine Wurzeln in diese Kugel eintauchen und die rote Flüssigkeit aufsaugen. Sie fließt durch deine Wurzeln, dann in deine Füße, deine Beine, in deinen Bauch. Stell dir vor, dass alles mit dieser roten Flüssigkeit gefüllt wird. Sie steigt weiter bis in dein Herz. Sie fließt über deine Schultern, in die Arme, die Hände, bis in die Fingerspitzen. Sie fließt in deinen Hals, in deinen Kopf. Du bist nun ganz angefüllt mit der Kraft der Erde. Du fühlst dich stark und sicher.

(Hier kann die Meditation bei kleineren Kindern oder bei Kindern mit schwacher Erdung enden.)

Stell dir vor, wie aus deinem Kopf Äste wachsen, die bis zu den Sternen, dem Mond und der Sonne reichen. Durch die Äste fließt nun Sternen-, Mond- und Sonnenlicht in deinen Kopf. Es ist ein prickelndes, heilendes Licht, wie tausend tanzende Lichtfunken. Dieses Licht breitet sich in deinem Kopf aus, fließt von dort in deinen Hals, in deine Arme, deine Hände, bis in die Fingerspitzen. Sie fließt in jede Zelle und fordert sie auf, sich zu erneuern.

Das Licht fließt nun in dein Herz, und von dort in deinen ganzen Brustkorb. Es fließt weiter in deinen Bauch. Dann weiter in deine Beine, und von dort in deine Wurzeln bis ins Erdinnere und heilt auch die Mutter Erde.

Nun bist du verbunden mit Erde und Himmel, ein wunderbarer Kanal für das Licht. Du fühlst dich wie neu-

geboren, voller Kraft. Atme tief ein und aus. Freue dich über dein Hiersein und komme langsam zurück in diesen Raum, ins Hier und Jetzt, und erzähle dann, was du erlebt und gefühlt hast.

Schutzengelmeditation

Atmet tief ein und aus, sei ganz ruhig und entspannt. Du liegst auf einer weichen Wolke, rundherum sind Wolken. Es ist kuschelig und warm auf dieser Wolke. Jetzt siehst du einen wunderschönen Regenbogen. Die Farben sind Rot, Orange, Gelb, Grün, Türkis, Blau und Lila.

(Langsam die Farben wechseln, damit sich das Kind jede Farbe vorstellen kann und so seine Energiezentren, Chakren, aktiviert.)

Jetzt rutscht dein Schutzengel über den Regenbogen zu dir auf die Wolke. Du spürst, wie der Engel dich mit seinen Flügeln umarmt, dich mit seiner Liebe umhüllt. Wie fühlt sich das an? Spürst du deinen Engel?

Genieße es, von deinem Engel umarmt zu werden.

Nun rutscht du mit deinem Engel den Regenbogen hinab, aus dem Wolkenland wieder auf die Erde. Es ist eine lustige Rutschpartie. Am Ende der Rutschbahn landest du ganz weich auf deinen Füßen.

Du spürst, wie du mit beiden Füßen auf der Erde stehst. Dein Engel steht neben dir. Du weißt jetzt, dass dein Engel immer bei dir ist.

Du öffnest langsam wieder die Augen und kommst zurück ins Hier und Jetzt.

Flügel zeigen lassen

Stell dir vor, du hättest durchsichtige Flügel.

Schließe die Augen und sieh dir diese Flügel genau an. Sehen sie aus wie Engelflügel mit Federn? Oder wie Schmetterlingsflügel? Oder sind sie durchsichtig und schillern in allen Farben, wie die Flügel einer Libelle?

Bewege die Flügel ruhig, wie fühlt sich das an? Kannst du fliegen? Na klar, also flieg los! Hab keine Angst, dein Engel begleitet dich. Mit diesen durchsichtigen Flügeln kannst du in deiner Fantasie hinfliegen, wo immer du willst. Aber nur in deiner Fantasie. Sie taugen leider nicht zum richtigen Fliegen, aber in der Welt der Fantasie kannst du alles tun.

Wenn du genug gesehen hast, lande langsam und vorsichtig wieder. Spüre den Boden unter deinen Füßen. Atme noch einmal tief ein und aus und komme zurück ins Hier und Jetzt.

76

Wie sieht mein Schutzengel aus?

Lassen Sie Ihr Kind die Augen schließen und sich seinen Schutzengel vorstellen. Was hat er für Augen, für Haare, wie sieht sein Kleid aus, wie die Flügel?
Vielleicht hat er sogar einen Namen?

Es gibt endlose Möglichkeiten für solche Reisen. Wie wäre es, auf einem Einhorn durch die Wälder zu galoppieren oder auf einem Pegasus durch die Wolken zu fliegen?

Aura Soma

Aura Soma ist eine ganzheitliche Therapie, die Körper, Geist und Seele gleichermaßen anspricht. Aura Soma ist eine Wasser-Öl-Emulsion, 50 % Wasser und 50 % Öl. Es dringt gut in die Haut ein und entfaltet von dort seine Wirkung.

Die Pflanzenauszüge von neunundvierzig verschiedenen Kräutern befinden sich in der Wasserlösung. Alle Zutaten für Aura Soma sind rein natürlich. Sie enthalten auch Energien von Heilsteinen, und selbstverständlich spricht uns Aura Soma auch durch seine Farben an. Auch duftet jede Flasche etwas anders. Sie sehen, man wird mit fast allen Sinnen angesprochen.

Vor dem Auftragen wird die Flasche geschüttelt, so dass sich die Wasser- mit der Öllösung vermischt. Die Flüssigkeit wird immer rund um den Körper aufgetragen, meist auf der Höhe des Chakras mit der entsprechenden Farbe.

Es gibt über einhundert verschiedene Balance Flaschen, Ihr Kind sollte sich selbst eine aussuchen, ob diese zum Kinderset gehört oder nicht.

Einige der Flaschen möchte ich Ihnen besonders ans Herzen legen, gerade für die Kleinen, die noch nicht selbst zeigen können, welche Flasche sie sich wünschen.

Nr. 11: Klar über Pink

Sie ist besonders geeignet, Neugeborene auf dieser Welt willkommen zu heißen.

Sie hilft aber auch Kindern, die sich in einer Umbruchphase befinden, beziehungsweise wenn ein Neuanfang bevorsteht. Und es ist in jedem Alter eine wunderbare Flasche, wenn man traumatische Erlebnisse sanft aufarbeiten möchte. In den Büchern wird sie meist bis zum Alter von neun Monaten empfohlen, kann aber in jedem Alter angewendet werden.

Nr. 20: Blau über Pink

Sternenkind, eine hervorragende Flasche für Kinder. Es hilft ihnen in schweren Zeiten, bietet ihnen einen emotionalen Schutz. Man kann sie im Sinne eines Notfallöls nach allen Arten von Schock oder Angstzuständen, zum Beispiel Albträumen, auftragen. Es hilft beim Zahnen und bei Bauchschmerzen (nur äußerlich anwenden!). Es wirkt leicht fiebersenkend.

Zum Kinderset von Aura Soma gehören:

Nr. 11: Klar über Pink:
Von der Geburt bis etwa neun Monate
Nr. 12: Klar über Blau:
Bis zur Abstillphase
Nr. 13: Klar über Grün:
Bis zum Abschluss der Trotzphase

Nr. 14: Klar über Gold:
Kindergartenanfang
Nr. 15: Klar über Violett:
Schulanfang

Meine Kinder lieben die Pomander von Aura Soma. Ich habe das Therapeuten-Set mit allen Pomandern, und sie lieben es, sich die passende Farbe auszusuchen und sich damit zu pomandern. Manchmal pomandern sie dann auch gleich den Papa, den Hund oder sogar die Pflanzen mit ein, weil die es eben auch nötig haben.

Die Pomander beruhen auf einer Basis von Alkohol. Sie haben jeweils eine Farbe und nicht, wie die Equilibrium Flaschen, zwei Farben. Jeder Pomander hat einen ganz eigenen Duft, dieser hängt mit den neunundvierzig Kräutern zusammen, die in der Herstellung verwendet werden. Sie beinhalten ebenfalls Schwingungen von Heilsteinen.

Man gibt einige Tropfen des Pomanders in die Handflächen und reibt diese dann gegeneinander, streckt die Hände gen Himmel und streicht den Pomander dann in die Aura ein. Das heißt, man fährt seinen Körper entlang, im Abstand von einigen Zentimetern. Wenn man ganz eingehüllt ist von dieser Energie, nimmt man die Hände vor das Gesicht und atmet den Duft und die Energie dreimal tief ein. Über die Wirkungsweise der einzelnen Pomander können Sie sich in den entsprechenden Büchern oder im Internet informieren.

Lassen Sie Ihr Kind ruhig damit experimentieren, es darf es auch in die Aura einreiben, einfächeln, oder was immer ihm Spaß macht.

Aussagen von Eltern

Charlotte, 4 Jahre
„Sie hat sich schon als Kleinkind immer über die Aura Soma-Fläschchen meiner Mutter hergemacht und Hellblau und Blau bevorzugt."

Nina, 4 Jahre
„Sie freut sich immer, wenn ich es ihr auftrage."

Alina, 4 Jahre
„Auf Alina wirkt Aura Soma beruhigend."

Es ist schwierig, die Wirkung von Aura Soma mit „Fakten" zu beschreiben. Die Kinder haben Freude an den farbigen Flaschen, freuen sich über den Körperkontakt beim Einstreichen, und es tut ihnen einfach gut. Wenn da noch mehr ist, und davon bin ich überzeugt, ist das umso besser.

Bachblüten

Bachblüten sind Ihnen eventuell schon ein Begriff. Die Grundidee ist einfach: Die Schwingung der Pflanze wird auf Wasser übertragen und mit Alkohol haltbar gemacht. Jede Pflanze verfügt über eigene Kräfte, die sich auf Grund der Schwingung auf uns übertragen und uns helfen können.

Vor allem die Notfall-, oder Rescue-Tropfen findet man schon in vielen Haushalten. Ich habe immer die Notfallglobuli dabei, da meine Kinder diese besonders mögen, und ich glaube, die Globuli zu lutschen trägt schon zu einer Beruhigung der Kinder bei.

Ich denke in allen schwierigen Situationen an die Notfalltropfen oder -globuli. Nach einem Sturz, bei Krankheiten, in Stresssituationen, nach Schocks usw.

Meine Kinder, 5 und 7 Jahre, dürfen sich aus den Bachblütenkarten jeweils 3 bis 5 Karten aussuchen, und wir mischen diese dann in einer Pipettenflasche. Es erstaunt mich immer wieder, wie gut meine Kinder rein nach ihrem Gespür die passenden Mittel finden. Manchmal überrascht mich auch eine Blüte, aber ich mische sie trotzdem den anderen bei, ich verlasse mich da auch auf meine Intuition, die mir schon aufzeigt, wieso genau diese Blüte auch noch gebraucht wird.

Wenn Ihnen das zu unsicher ist, zähle ich hier einige bewährte Mischungen auf.

Für alle Arten von Neuanfängen wie Wohnungswechsel, Kindergartenanfang, Geburt eines Bruders oder einer Schwester usw., empfehle ich Aspen, Honeysuckle und Walnut, nach der Geburt oder wenn ein Schockereignis vor diesem Neuanfang steht, noch Star of Bethlehem.

Aspen, oder Zitterpappel, hat einen Bezug zu unerklärlichen vagen Ängsten und hilft, ins Urvertrauen zu finden.

Honeysuckle, oder Geißblatt, hilft, die Vergangenheit loszulassen und ins Jetzt zu finden.

Walnut, oder Walnuss, hilft, sich auf das Neue einzulassen.

Bei unsicheren Kindern empfehle ich Agrimony, Larch und Oak.

Agrimony, oder Odermennig, verhilft zu einem inneren Frieden.

Larch, oder Lärche, behebt einen Mangel an Selbstvertrauen und hilft, sich selbst zu entfalten.

Oak, oder Eiche, nimmt den Erwartungsdruck und hilft, Aufgaben im Rahmen seiner Möglichkeiten zu erfüllen.

Bei rechthaberischen Kindern: Vine, Crab Apple und Chicory.

Vine, oder Weinrebe, hilft, zu seiner Meinung zu stehen, ohne diese anderen aufzuzwingen.

Crab Apple, oder Holzapfel, hilft, die Dinge aus sich selbst heraus zu betrachten, dem Außen nicht aufzwingen, was im Inneren nicht stimmt.

Chicory, oder Wegwarte, hilft, von der fordernden zur gelassenen Liebe finden.

In der Trotzphase helfen: Crab Apple, Honeysuckle, Walnut und Cherry Plum.

Honeysuckle, oder Geißblatt, hilft, die Vergangenheit loszulassen und ins Jetzt zu finden.

Walnut, oder Walnuss, hilft, sich auf das Neue einzulassen.

Cherry Plum, oder Kirschpflaume, hilft bei Überreaktionen, zu Gelassenheit, Mut und Kraft zu finden.

Da jedes Kind einzigartig ist, sind dieses nur Vorschläge, die auf meiner Intuition beruhen und, wie ich hoffe, für viele Kinder eine Hilfe sind. Natürlich sind individuell für Ihr Kind zusammengestellte Mischungen die beste Lösung, aber nicht jeder hat eine Fachkraft zur Hand. Zum Glück gibt es aber schon viele Fertigmischungen, auf die Sie im Problemfall zurückgreifen können.

Smaragd Verlag

In der Steubach 1

D-57614 Woldert

Absender

Name, Vorname

Straße, Hausnummer

Land, PLZ, Ort

Telefon, Fax

eMail

Ja, ich möchte gerne weiter informiert werden.

Bitte senden Sie mir -

Ihr Verlagsverzeichnis ☐

Seminartermine ☐

Diese Karte entnahm ich dem Buch..

Ich fand das Buch inhaltlich ....

....

und die Gestaltung...

Würden Sie dieses Buch weiterempfehlen?.................................

Vielen Dank!

info@smaragd-verlag.de - www.smaragd-verlag.de

Aussagen von Eltern

Charlotte, 9 Jahre
„Ich habe sehr gute Erfahrungen mit den Notfalltropfen gemacht."

Lukas, 5 Jahre
„Mit Bachblüten hat schon die ganze Familie gearbeitet, inklusive Tiere. Sie sind eine gute Unterstützung, die uns alle schon gesunden ließ oder aber positiv veränderte. Lukas liebt es, wenn er die Tröpfli nehmen darf, wir müssen immer schauen, dass er nicht alle auf einmal nimmt."

Alina, 4 Jahre
„Sie bekam mal eine Mischung für ihren Selbstwert. Es war erstaunlich, schon nach einigen Tagen war sie viel selbstbewusster, auch anderen Kindern gegenüber."

Heilsteine

Vor allem die Kristallkinder haben eine ganz besondere Verbindung zu den Heilsteinen und fühlen sich stark von ihnen angezogen. Heilsteine sind Energieträger und Heiler, sie unterstützen uns dabei, uns selbst kennenzulernen, unsere Fähigkeiten zu erkennen und diese dann im Leben auch umzusetzen.

Es gibt so viele gute Bücher über Heilsteine, dass ich mich eher kurz fassen werde, obwohl sie zu meinen bevorzugten Hilfsmitteln gehören. Sie können sich bei der Auswahl der Steine auch auf Ihr Kind verlassen, es weiß, welchen Stein es braucht. Alle Kinder reagieren sehr positiv auf die Schwingungen von Steinen; sie helfen ihnen, ihre Balance zu finden oder diese in unserer hektischen Zeit zu bewahren.

Wenn Ihr Kind einen Stein ausgesucht hat, reinigen Sie diesen kurz unter laufendem Wasser und, wenn Sie mögen, bitten Sie ihn darum, Ihrem Kind auf seinem Weg zu helfen. Man nennt das auch Programmierung. Sie können den Stein in die rechte Hand nehmen und Ihren Wunsch äußern. In meinem Engelkurs lasse ich die Kinder einen Stein aussuchen und ihn in die rechte Hand nehmen. Dann bitte ich sie, die Augen zu schließen und sich vorzustellen, wie es ist, wenn ihr Engel sie umarmt (siehe Engelmeditation). Sie sollen sich dann vorstellen, wie ihr Herz zu leuchten beginnt und die Liebe ihres Engels durch ihren Arm in die Hand und in den Stein fließt, bis dieser zu leuchten beginnt. Danach ziehen die Kinder den Stein an, stellen sich nochmals vor, wie der Stein nun an ihrem Hals leuchtet und wie sie dieses Licht schließlich ganz umfängt und sie sich beschützt und geborgen fühlen. Es ist nicht von Bedeutung, ob es sich um einen Handschmeichler handelt, einen Anhänger oder eine Kette. Wichtig ist nur, dass der Stein Ihrem Kind gefällt.

Bei Kindern, die schlecht schlafen, hat es sich sehr bewährt, einen schwarzen Turmalin unter dem Bett des Kindes zu platzieren. Reinigen Sie auch diesen erst unter laufendem Wasser, bitten Sie ihn um Schutz für Ihr Kind. Vielleicht legen Sie ihn auch noch eine Stunde unter die Sonne, sie lädt ihn mit ihrer Energie voll auf.

Meist schlafen die Kinder schon die erste Nacht viel ruhiger. Vergessen Sie nicht, den Stein ab und zu zu reinigen und an der Sonne aufzuladen.

Der Rosenquarz hilft aggressiven, aber auch unsicheren Kindern sehr, da er eine große Liebesschwingung in sich trägt und sanft erdet. Rosenquarz nicht an der Mittagssonne aufladen, lieber in den Morgen- oder Abendstunden.

Der Bergkristall ist ein großartiger Stein für die Kinder der Neuen Zeit. Er hilft in fast allen Lebenslagen, und mit ihm haben Sie sicher immer den richtigen Helfer zur Hand. Sie können ihn jederzeit an der Sonne aufladen.

Lassen Sie Ihr Kind den Stein doch einmal spüren. Es kann ihn dazu in die Hand nehmen und die Augen schließen. Es soll sich einfach auf den Stein konzentrieren. Kann es ein Kribbeln, oder Wärme spüren? Macht der Stein es glücklich, mutig, sicher usw.?

Aussagen von Eltern

Lukas, 1 1/2 Jahre
„Er trägt die Steine mit sich herum und legt sie in eine spezielle Schachtel. Aber auch „normale" Steine liebt er innig."

Nina, 4 Jahre
„Sie hat sehr gerne Halbedelsteine, vor allem rote oder rosa Steine."

Alina, 4 Jahre
„Sie sagt, dass die Steine sie beschützen."

Auszug aus einer Botschaft, die ich über Edelsteine erhielt:

Heilsteine sind der Schlüssel zur inneren Welt und zu anderen Ebenen des Seins. Verbindet euch mit ihnen, und ihr werdet staunen!

Ammonit

Ich verbinde dich mit deinem Urvertrauen, setze deinen ganzen Körper in Schwingung, da ich jede Zelle an die Urinformation erinnere.

Ich bin zellerneuernd.

Nichts endet, alles ist im Fluss, in Einklang mit dem Universum. Freude herrscht, Reichtum und Fülle, alles ist da, alles liegt in dir.

Ich nehme den Kindern die Angst, weil ich jede ihrer Zellen an den Ursprung erinnere, sie mit dem Urvertrauen verbinde, das wir alle im Herzen tragen.

Angelit

Frieden bringend. Harmonie und Ruhe bringe ich in dein Leben.

Den Gesang der Engel trage ich in dein Herz. Friede kehrt ein, Friede mit dir selbst und dem Leben.

Als Elixier heile ich Herz-, Hals- und Ohrenschmerzen. Ich bringe Weitsicht und Klarheit.

Kinder lieben mich, ich schenke ihnen den Gesang des Himmels und lasse sie ihre Flügel ausbreiten.

Aquamarin

Ich beruhige eine aufgewühlte Seele, bringe ihr den Frieden zurück. Ruhigen Seelen ermögliche ich tiefe Einblicke in ihr wahres Sein. Kinder mögen meine beruhigende Wirkung, und auch eine gewisse Fröhlichkeit und Leichtigkeit strahle ich aus.

Bergkristall, Kugel

Sanft schwingende, reinigende Kraft sende ich aus. Reinige, harmonisiere, bringe alles in Einklang.

Kindern verhelfe ich zu Stabilität, bringe ihre Kraft zum Fließen und helfe ihnen loszulassen, was sie behindert.

Boulderopal

Harmonie bringe ich dir. Mich lieben Menschen, die das Licht und die Farbe in allem sehen. Ich erscheine erst unscheinbar, doch im Licht betrachtet, erstrahle ich im schönsten Farbenspiel.

Kinder lieben mich, wenn sie mich erst erkannt haben. Wenn sie nicht nur mein unscheinbares Braun, sondern mein Farbenspiel in allen Schattierungen wahrnehmen. Ich zeige ihnen, dass es sich lohnt, genau hinzusehen.

Coelestin

Freiheit der Gedanken. Der Gedankenfluss wird stimuliert. Phantasie und Gegenwart werden eins. Einheit von Intellekt und Gefühlswelt bringe ich. Diese führt zu tiefem Frieden, Ruhe und Geborgenheit im Sein.

Feueropal

Ich bringe Kraft in dein Leben, indem ich dein Feuer entfache. Ich bringe Lebenskraft und Feuerkraft in dein Leben.

Ich bin nicht für jeden geeignet. Wer mich liebt, liebt seine Kraft und ist bereit für sie.

Für Kinder bin ich oft zu feurig, zu explosiv, doch wenn

ein Kind mich aussucht, so schenke ich ihm eine große Kraft und ein Gefühl der Geborgenheit.

Labradorit
Ich bringe Klarheit in die Gefühlswelt und löse Blockaden und Seelenschmerz. Ich helfe, Schmerz in Gelenken zu lösen, dieses am Besten als Elixier äußerlich und innerlich verwenden. Ich eigne mich für jedes Chakra und lasse meine Energie auf jeden fließen, zum Wohl des Menschen.

Kindern verhelfe ich zu einem besseren Umgang mit ihren Aggressionen und bringe ihnen die Balance zwischen innerer und äußerer Welt.

Larimar
Ich fördere die Intuition, stelle Verbindung zu Atlantis her. Ich bringe altes Wissen wieder ins Bewusstsein. Auf dem Kehlkopfchakra verstrahle ich die größte Kraft, auf dem Herzchakra eine sanfte, aber tiefe Kraft.

Kindern verhelfe ich zu innerer Ruhe und helfe ihnen, die Gefühle ihres Herzens in Worte zu fassen.

Rosenquarz
Meine Schwingung ist sanft, aber nicht minder kraftvoll. Kinder lieben meine Sanftheit, ich hülle sie in das sanfte rosa Licht der Liebe und Geborgenheit. Ich erde sie sanft, das ist für viele Kinder der Neuen Zeit von großer Bedeutung.

Rubin

Liebe, unendliche, bedingungslose Liebe, schenke ich dir und öffne die Türen deines Herzens mit Wucht. Wer mich liebt, liebt die Liebe.

Ich bin ein Stein, der jedes Herz öffnet, und vermag, jede Wunde zu heilen. Kinder, die mich lieben, verfügen über ein großes, aber verletztes Herz. Ich heile es, ich tue nicht mehr, aber auch nicht weniger.

Rutilquarz

Segenreiche Kraft bringe ich dir, ich lass deine Seele erstrahlen in ihrer ganzen Pracht. Ich lindere Seelenschmerz aus längst vergangen Tagen, bringe das Licht zurück, durchflute dich mit segensreichem Licht.

Kinder, die mich lieben, erinnern sich vergangener Leben, aber verleugnen ihre eigene Kraft. Ich helfe ihnen, das Vertrauen in sich selbst wieder zu erlangen.

Smaragd

Ich berühre das Herz der Menschen, stärke ihr Immunsystem. Meine Größe ist nicht von wahrer Bedeutung, bin ich doch mit dem Großen verbunden. Auf dem Herzchakra stärke ich die reine Herzensliebe zu allem Sein.

Ich bringe Kinderherzen zum Leuchten, unterstütze ihre frische, natürliche Kraft der Liebe.

Sonnenstein

Lebensfreude, prickelnde Lebensfreude bringe ich dir. Ich bin ein Freude bringender Stein, in allen Lebensberei-

chen. Als Edelsteinwasser bringe ich Leichtigkeit in deine Gedanken, bringe so alles in Fluss, auch die Durchblutung. Ich lehre dich die Leichtigkeit des Seins. Jubiliere! Freue dich, dein wahres Ich erwacht.

Kindern helfe ich, die Sonne im Leben wieder zu entdecken, ihre Ängste zu überwinden und an ihre eigene Kraft zu glauben.

Sugilith

Ich bringe Klarheit über die Neue Energie. Auf dem Scheitelchakra öffne ich für Wissen, auf dem Dritten Auge schenke ich dir Visionen. Wer mich trägt, stellt sich seiner wahren Berufung, ist bereit, weit mehr anzuerkennen, als der reine Verstand ohne das Gefühl je bereit wäre.

Auch bin ich ein sehr kräftiger Heilstein, meine Wirkungsweise würde Seiten füllen.

Kindern verhelfe ich dazu, ihren Seelenauftrag zu erkennen und schenke ihnen die Kraft, ihn zu erfüllen.

Turmalin, schwarz

Ich bringe dir Wärme und Halt, erde stark und schütze dadurch. Ich stärke das Immunsystem, reinige und erneuere. Ich schenke dir Stärke und Willenskraft.

Kindern verleihe ich Schutz, weil ich sie erde. Ich verbinde sie mit der Kraft der Erde, das macht ihre Aura stark und schützt sie vor äußeren Einflüssen.

Turmalin, grün

Ich stärke deine Abwehrkräfte, bringe Klarheit in die

Strukturen von Körper, Geist und Seele, verbinde dich mit dem Feenreich, stärke deine Intuition und andere mentale Fähigkeiten, verbinde mit der Liebe zur Natur, heile, was geheilt werden will.

Ich stärke das Immunsystem der Kinder, besonders der Kinder, die Mühe mit der Atmung haben oder an Allergien leiden. Ich heile ihr Herz und öffne es wieder für die Wunder aller Welten.

Turmalin, rosa

Ich bringe die bedingungslose Liebe zurück in dein Sein, öffne dein Herz, befreie von alten Schlacken, bringe Licht und Leidenschaft in dein Leben, Lebenskraft und Liebe. Auf dem Herzchakra fördere ich die Liebe, auf dem Basischakra die Lebenskraft. Als Elixier stärke ich den Fluss im Körper.

Ich hülle die Kinder in das Licht der bedingungslosen Liebe. Wenn sie mich tragen, fühlen sie sich eingehüllt in eine Aura von Liebe und Licht.

Natur

Die Kinder der Neuen Zeit haben eine tiefe Verbindung zur Natur oder können diese aufbauen. Die Natur hilft ihnen, ihre Kraftreserven aufzufüllen und zur Ruhe zu kommen. In dem Umfeld, in dem wir nun mal leben, sind unsere Kinder ständig Strahlungen ausgesetzt. Der Gang in die Natur hilft hier dem Körper und der Seele, sich davon zu erholen und einen Schutz aufzubauen.

Auch sind viele Kinder der Neuen Zeit sehr energiegeladen, was kann hier besser helfen, als sich in der Natur so richtig auszutoben und gleichzeitig seine Wurzeln zu stärken?

Aussagen von Eltern

Lukas, 1 1/2 Jahre
„Er war schon als Baby am liebsten im Wald. Auch heute liebt er Bäume, ahmt die Bewegung der Blätter im Wind mit den Händen nach. Er liebt Steine und bückt sich immer nach einem Stein, er trägt mindestens einen mit sich herum."

Tyrese, 3 Jahre
„Er muss immer draußen sein. Er ist nicht gerne zu Hause. Darum ist er nun auch in einer Waldspielgruppe."

Nina, 4 Jahre
„Sie ist sehr gerne draußen, „drecklet" gerne und spielt viel mit Steinen und Wasser."

Alina, 4 Jahre
„Sie ist gerne im Wald, sammelt Blumen, Steine und Schneckenhäuser."

Leonie, 13 Jahre
„Sie liebt das Alleinsein in der Natur."

Tiere

Tiere helfen den Kindern, sich zu öffnen. Die nonverbale Sprache der Tiere ermöglicht es den Kindern, ihre telepathische Gabe und ihr großes Einfühlungsvermögen einzusetzen und zu schulen. Meist fühlen sich die Kinder im Kontakt mit Tieren gestärkt und verstanden. Tiere sensibilisieren die Kinder aber auch, Rücksicht auf Schwächere zu nehmen und Verantwortungsbewusstsein aufzubauen. Mir ist es wichtig, den Kindern viel über die Bedürfnisse der Tiere weiterzugeben. Sie sollen verstehen, was das Tier braucht, um sich wohlzufühlen und glücklich zu sein, und dass der Mensch, wenn er Tiere hält, dafür verantwortlich ist, dem Tier zu bieten, was es braucht, um ein artgerechtes Leben zu haben.

Das heißt nun nicht, dass sie sich ein Tier nach Hause holen. Geben Sie Ihrem Kind nur die Möglichkeit, den Kontakt zu Tieren zu finden, wenn es das gerne möchte.

Aussagen von Eltern:

Lukas, 1 1/2 Jahre
„Er ist stets umgeben von unseren Hunden und Katzen und geht sanft und liebevoll mit ihnen um. Er will unsere Schafe begrüßen gehen, wenn wir nach Hause kommen, und zeigt bei Spaziergängen auf alle Tiere, die uns begegnen."

Lukas, 4 Jahre
„Er plagt sie leider oftmals, und doch könnte er nicht ohne sein."

Nina, 4 Jahre
„Sie ist sehr fürsorglich zum Hund ihrer Oma. Sie begrüßt und verabschiedet sich immer speziell von ihm."

Stella, 7 Jahre
„Die ersten Jahre hatte sie gar keinen Bezug zu Tieren, jetzt ein wenig. Sie möchte aber weniger Fleisch essen, damit die Tiere nicht sterben müssen."

Alina, 4 Jahre
„Sie schimpft mit anderen Kindern, wenn diese auf Ameisen oder Käfer treten, und spricht oft mit unserer Schildkröte."

Leonie, 13 Jahre
„Tiere haben bei ihr einen großen Stellenwert, manchmal kommen sie noch vor den Menschen."

Homöopathie

Da die Homöopathie ein sehr weites und komplexes Thema ist, werde ich hier nur kurz darauf eingehen. In Einmalgaben von fünf bis acht Globuli haben sich folgende Mittel bewährt:

Aconitum C 30: Bei Schock aller Art und Panikzuständen (Todesangst).

Arnica C 200: Bei allen Verletzungen.

Arsenicum album C 200: Bei Angst vor dem Alleinsein, vor Gespenstern usw.

Jodum C 30: Wenn das Stillsitzen eine Qual ist, innere Unruhe, immer in Bewegung. Bitte wirklich nur eine Einmalgabe!

Silicea C 200: Bei unsicheren, schüchternen Kindern. Auch bei diversen Ängsten wie: Furcht vor Spritzen, Geräuschen, Gewittern usw. Auch bei sehr trotzigen Kindern hat es sich bewährt. Hier hilft auch das Schüsslersalz Nr. 11, Silicea, hier aber über einen Zeitraum von zwei bis drei Monaten einnehmen.

Staphisagria C 200: Es fehlt die Anerkennung der eigenen Person, fühlt sich oft ungerecht behandelt, hat Angst, dass man zu wenig beachtet wird.

Stramonium C 200: Bei Kindern, die zu Wutanfällen mit Gewalttätigkeit neigen.

Schüsslersalze

Bei den Schüsslersalzen handelt es sich um potenzierte Mineralien, Lebenssalze, die der Körper braucht, um gesund und vital zu bleiben. Diese Salze unterstützen aber nicht nur den Körper, sondern auch die Psyche.

Sie leisten hervorragende Arbeit bei Erkältungen, Wachstumsstörungen, Schmerzen, Hautausschlägen und vielem mehr. Genauso helfen sie den Kindern aber auch in der Trotzphase, bei Weinerlichkeit, Angst, fehlendem Selbstwertgefühl usw.

Es lohnt sich sicher, die Schüsslersalze in einer kleinen Notfallapotheke zu Hause zu haben. Da es sich um zwölf verschiedene Salze handelt, sind diese übersichtlich in der Handhabung und schmecken den meisten Kindern sehr gut. Sie können diese einfach lutschen, und so kann der Wirkstoff über die Mundschleimhaut aufgenommen werden. Man kann sie aber auch im Wasser auflösen und schluckweise trinken. Bitte immer nur mit Holz- oder Plastiklöffel umrühren, nie mit Metall!

Wiedergeburt

Für mich ist es keine Frage, dass es Wiedergeburt gibt, sie ist in meiner Arbeit und in meinem Glauben fest verankert. Viele Bücher gehen auf die Wiedergeburt ein, „beweisen" sie sogar. Auf jeden Fall ein spannendes Gebiet.

Es gibt viele psychische Verhaltensweisen, die ein Kind zeigt und die man mit seinem bisherigen Leben nicht erklären kann, zum Beispiel extreme Angst vor Schlangen, Gewittern, große Vertrautheit oder Freude mit gewissen Tieren, Menschen, oder Verbundenheit mit Orten. Mein Sohn liebt es, in Kirchen zu gehen, ganz selbstverständlich kniet er dort nieder und betet. Das hat mich erst etwas befremdet, da ich eher eine gewisse Abneigung gegen Kirchen habe, weil ich darin so viele andere Energien spüre, die nichts mit Liebe zu tun haben. Yannick lehrte mich wieder, auch die schöne Energie der Kirche zu spüren, und mit meiner Abneigung, die sicher aus früheren Leben stammt, Frieden zu schließen. Bei Besichtigungen von Klöstern geht er ganz automatisch im Kreuzgang herum, schließt die Augen und legt die Hände aneinander.

Es ist nicht nötig, in vorherigen Leben nach Details zu forschen, ich bezeichne das immer als Reinkarnations-Tourismus. Es ist aber von Nutzen, uns mit einem vergangenen Leben auseinanderzusetzen, wenn wir dadurch ein Problem im Jetzt besser verstehen und die Vergangenheit verarbeiten und loslassen können.

Die große Kunst ist es ja, im Jetzt alle Gaben zu leben, die wir uns in vielen Leben angeeignet haben. Viele dieser Gaben sind aber verschüttet unter den schlimmen Erinnerungen, die wir an frühere Leben haben. Ziemlich sicher haben wir in vergangen Leben unsere Macht missbraucht, oder haben unsere Gaben gelebt und wurden dann dafür gefoltert oder eventuell sogar getötet.

Yannick hatte als Zweijähriger enorm große Angst, bei jedem Ast auf der Straße fing er an zu schreien: „Schlange, Schlange", und war ganz aufgelöst. Ich behandelte das mit Bachblüten, da aber keine Besserung eintraf und er im Zoo die Schlangen nicht einmal ansehen konnte, bat ich die Geistige Welt, mir zu zeigen, was ich hier tun könnte. Ich sah meinen Sohn als Jungen in Indien, der von einer Giftschlange in die Wade gebissen wurde und daran starb. Mehr sah ich nicht, keine Details zu seinem Leben, sondern eben nur diese Szene, um die es ging. Danach habe ich gleich seine Wade angesehen und fand an der Stelle zwei kleine Muttermale. Nebenbei, ich finde heute nur noch ein Muttermal an dieser Stelle, ob ich damals aus Versehen zwei sah? Ich weiß es nicht. Tatsache ist, dass Yannick danach nie mehr Angst vor Schlangen hatte, sich sogar Bücher über Schlangen aussuchte. Zufall, klar, das ist möglich. Es ist mir aber egal, ich will nichts beweisen, ich freue mich über den Erfolg und frage mich gar nicht: War es diese Erinnerung an ein vorheriges Leben, oder waren es doch die Bachblüten, oder vielleicht etwas ganz anderes?

Bei meiner Tochter Gioia hatte ich nie das Gefühl, etwas in einem vorherigen Leben auflösen zu müssen, wir konnten und können alles immer im Jetzt angehen.

Ich denke, das Wissen um die Wiedergeburt, oder zumindest die Möglichkeit, ist wichtig, aber nicht zwingend. Meine Kinder machten, als sie kleiner waren, Aussagen wie: „Als ich groß und du klein warst, da durfte ich bestimmen", oder „Das nächste Mal bin ich aber wieder groß und du klein."

Yannick sagte mir einmal: „Weißt du, wenn ich sterbe, komme ich nicht wieder, ich fliege lieber durch die Luft, dort ist es viel schöner."

Beide Kinder machten oft Aussagen, wie: „Ich will wieder in den Himmel, dort ist es viel schöner." Besonders nach dem Tod ihres Opas wollte Gioia immer zu ihm gehen. Ich erklärte ihr, dass es nicht geht. Sie sagte ganz cool: „Aber sicher, Mami, wir können uns einfach alle tot machen, und dann sind wir wieder mit Opa zusammen."
Ich erklärte ihr dann, das wir doch hier sind, um eine Aufgabe zu erfüllen, und wir diese noch nicht erfüllt hätten. Das verstand sie zwar, aber sie ist auch heute, ein Jahr nach dem Tod meines Vaters, noch nicht ganz überzeugt davon, ob es nicht doch schöner wäre, beim Opa zu sein.

Die Wiedergeburt ist Thema vieler Bücher, und es ist ein spannender Bereich. In diesen Büchern gibt es auch

„Beweise" für die Wiedergeburt, und viele sind ganz versessen darauf, solche Beweise von der Geistigen Welt zu erhalten. Mir ist das nicht wichtig, mir reicht zu wissen, was die Essenz aus diesem Leben war, was ich vielleicht noch nicht verstanden habe, was ich vielleicht noch integrieren sollte. Mir und vielen Menschen, die ich kenne, hat es geholfen, sich besser im Hier und Jetzt zurechtzufinden, und das ist, was wirklich zählt, oder was meinen Sie?

Geistige Welt
Engel

Nach meiner Sicht der Dinge begleiten uns Engel und Meister unser gesamtes Leben lang, ob wir diese nun bewusst wahrnehmen oder nicht, spielt dabei keine Rolle. Sie sind da.

Die Engel sind sehr liebevolle Lichtwesen mit unumstößlichem Urvertrauen. Ich liebe die Engel und schätze ihren Rat sehr. Bisweilen finde ich aber, dass sie uns und unsere Probleme als Menschen nicht ganz nachvollziehen können. Sie haben ja so recht mit ihren Ratschlägen wie: Lass deine Probleme einfach los und übergib sie uns, lebe die bedingungslose Liebe, vertraue, es wird alles gut. Aber wie setze ich das um, wenn ich verzweifelt bin, wenn ich nicht mehr weiterweiß?

Die Worte der Engel heilen uns, da es eben nicht nur Worte sind. Sie senden uns mit diesen Worten die Schwingung des Vertrauens, der Liebe und der Hoffnung, nur mit dem Verstand erfassen wir nicht allzu viel, aber in unserem Herzen spüren wir sofort die Wärme und Liebe, und eine neue Hoffnung erwacht in uns.

Wenn Engel sagen: „Übergib uns das Problem", so heißt das nicht, dass sie es für uns lösen, sondern sie die Last des Problems tragen. Wir sollen uns auf die Lösung des Problems konzentrieren und nicht unsere Gedanken unaufhörlich um das Problem kreisen lassen. Wenn wir also zum Beispiel arbeitslos sind, sollen wir uns auf die Arbeitssuche konzentrieren und nicht mit dem Schicksal hadern. Die Frage: „Warum ich?", sollten wir aus unseren Gedanken streichen, sie hilft uns nicht weiter. Nehmen Sie jedes Problem als eine Herausforderung wahr, die Sie bewältigen können. Verharren Sie nicht in der Vergangenheit, finden Sie ins Jetzt, denn im Jetzt liegt der Schlüssel zu Ihrer Zukunft.

Wenn ein Mensch oder ein Tier krank ist, bitte ich Erzengel Raphael um Hilfe, bitte ihn, mit seiner Energie zu heilen. Ich nehme ihn dann oft wahr, wie er die Flügel um den kranken Menschen oder das kranke Tier legt und mit grünem Licht umfängt. Das heißt nicht, dass ich nicht auch meinen Teil erledigen soll und den Kranken mit Homöopathie, Schüsslersalzen, Spagyrik usw. auch unterstütze. Ich bitte die Engel nur um zusätzliche Unterstützung. Besonders wenn meine Kinder in der Nacht husten, bitte ich Erzengel Raphael um Hilfe, meistens können die Kinder nach einigen Minuten ruhig weiterschlafen.

Wenn ich spüre, dass ich mich von einer Person oder einem Problem nicht richtig distanzieren kann, dann bitte ich Erzengel Michael um Hilfe. Er zerschneidet dann mit seinem blauen Schwert die Verbindung, die mich noch mit dem Menschen, der Situation oder dem Problem verbindet. Er durchtrennt niemals die Liebe, die man für jemanden empfindet. Er durchtrennt Schnüre, die entstanden sind aus Angst, Selbstvorwurf, Verpflichtung, Wut usw. Das sind keine Gefühle, die uns nützen, sie behindern uns nur, schränken uns in unserem freien Denken und Handeln ein.

Die Hilfe aus der Geistigen Welt löst mein irdisches Problem nicht sofort, es hilft nur, die energetischen Verstrickungen zu lösen, und dadurch fällt es mir dann leichter, dieses auch in der materiellen Welt zu tun. Vielleicht rufen Sie Ihre Mutter nur an, weil es wieder einmal Zeit wird, sich zu melden und nicht, weil Sie es wirklich wollen. Es ist nur eine Verpflichtung, die Sie erfüllen müssen. Das tun Sie aus Pflichtbewusstsein, vielleicht auch aus Schuldgefühlen heraus, aber das hat mit Liebe nicht mehr viel zu tun. Erzengel Michael durchtrennt nun also diese energetische Verbindung und gibt Ihnen dadurch die Möglichkeit, sich mit Ihren Gefühlen auseinanderzusetzen: Warum kann ich meine Mutter nicht einfach anrufen, weil ich gerne wieder ihre Stimme hören und wissen möchte, wie es ihr geht? Was kann ich für mich auflösen, was muss ich für mich in Ordnung bringen?

Sie dürfen die Engel um alles bitten, sie freuen sich darüber. Engel greifen in ihr Leben nur ein, wenn Sie sie darum bitten. Außer die Schutzengel, diese greifen auch ein, wenn eine Situation zu gefährlich wird und nicht unserem Lebensplan entspricht.

Sie können für alles einen Engel zur Hilfe bitten: Engel, hilf mir, die Schlüssel zu suchen, die ich verlegt habe; Engel, hilf mir, einen Parkplatz zu finden; Engel, hilf mir, mich gesund zu ernähren; Engel, hilf mir, meinem Kind gerecht zu werden, usw.

Was Sie nun noch tun müssen ist hinzuhören, hinzusehen und hinzufühlen. Die Engel werden Ihnen Impulse senden, folgen Sie diesen. Diese Impulse können ein Blitzgedanke sein, wo der Schlüssel liegt, oder Sie gehen automatisch zu einer Schublade, und dort liegt er dann. Wenn wir aber nicht auf diese Impulse hören, denn da kann der Schlüssel ja nun unmöglich sein, dann kann uns auch kein Engel helfen. Wir müssen einfach unserer Eingebung folgen, wenn wir wirklich die Hilfe der Engel möchten, und unseren Teil dazu tun.

Aufgestiegene Meister

Die Aufgestiegenen Meister sind Lichtwesen, die nach einem oder mehreren Leben aufgestiegen sind, also nicht mehr wiedergeboren werden, sondern uns Menschen nun helfen, unser Leben zu meistern, wie sie es getan haben. Sie wissen um die Herausforderungen, die wir als Menschen zu meistern haben, und können uns hier konkret unterstützen. Auch sie arbeiten mit Energie, Licht und Liebe. Wenn man mit Engeln und Meistern arbeitet, ist es sicher von Vorteil, wenn man gut visualisieren kann, sich vorstellen kann, wie man mit Licht durchflutet oder einem eine Last abgenommen wird.

Die Fantasiereisen in die Geistige Welt nimmt vielleicht nicht jeder ernst oder sieht sie als Tagträumerei an. Das ist in Ordnung. Aus meiner Sicht helfen sie uns aber, Probleme zu erkennen und zu lösen. Aber diese Erfahrung muss jeder selbst machen. Auf jeden Fall ist es sehr entspannend und oft überraschend, was wir während einer Reise erfahren können. Es kann ein neues Licht auf eine Situation werfen oder zeigt neue Möglichkeiten zur Lösung auf.

Wenn man beginnt, bewusst mit Engeln und Meistern zu arbeiten, erfährt man erst einmal sehr viel über sich selbst, man lernt sich noch viel besser kennen, und das alleine ist es schon wert. Es bedeutet aber auch, seinen eigenen Gefühlen wirklich auf den Grund zu gehen. Das ist manchmal schmerzhaft und sicher auch anstrengender, als anderen die Schuld an seinen Problemen zu geben. Es hilft uns auch, andere Menschen, andere Wesen, besser zu verstehen, nimmt uns die Angst vor dem Unbekannten und gibt uns ein Gefühl des Begleitet- und Verstandenwerdens. Dadurch werden wir sicherer in unserem eigenen Sein, es gibt uns Kraft und Energie, unsere Ideen auch umzusetzen, unsere eigene Wahrheit zu leben. Zudem wir zu uns selbst zurückkommen, und wir nicht mehr außen, sondern in unserem Inneren nach der Ursache und der Lösung eines Problems suchen, finden wir unsere eigene Kraft, lernen, unser Leben wirklich zu meistern. Wir erkennen, dass alles aus uns selbst kommt und wir das Außen mehr beeinflussen können als das Außen uns beeinflussan kann.

Dass ich Engel an der Seite der Kinder wahrnehme, erstaunt kaum ein Elternteil, bei den Aufgestiegenen Meistern schon eher. Für mich ist es klar, dass die Kinder geführt werden und auch Licht-Meister an ihrer Seite haben, die ihr geistiges Wissen fördern und schulen. Auch die Geistige Welt übernimmt hier ihre Verantwortung. Sie sind schließlich auch Kinder des Lichts.

Sanat Kumara

„Lieber Mensch, zurzeit steht dir meine Kraft zur Verfügung. Diese ermöglicht es dir, Brücken zu schlagen zwischen deinem Ich und deinem Inneren Kind. Nicht mehr getrennt sollt ihr beide wirken, sondern als EINS. Es ist

Zeit, dass deine innere Stimme mehr Gewicht bekommt. Dein Ego handelt nicht zu deinem Nutzen, es mag dir das wohl vorgaukeln, aber dem ist nicht so. Auf die Stimme deines Inneren Kindes kannst du dich verlassen. Sie zeigt dir den Weg der Weisheit, des Friedens, des Einklangs mit allem. Vertraue ihr bedingungslos. Du fragst dich, wie du die Stimme des Egos und die des Inneren Kindes unterscheiden kannst? Die Schwingung ist nicht dieselbe. Das Ego ist schwer, seine Stimme gibt das Gefühl der Schwere. Die Stimme deines Inneren Kindes hingegen gleicht feinem Glockengesang, erhöht deine Schwingungen, und du fühlst dich leicht und wohl. Das scheint dir zu wenig konkret? Was willst du mehr, vertraust du deinem Gefühl nicht? Lerne zu unterscheiden, das ist wichtig für deine Entwicklung. Zweifle nicht an deinen Fähigkeiten, sonst zweifelst du an uns. Bald werden dir deine Kräfte bewusst und der Kanal der Liebe geöffnet werden. Vertraue, und alles wird gut.

In Liebe, dein treuer Meister Sanat Kumara."

Naturgeister

Vielen Menschen fällt es leicht, an Engel zu glauben, sie haben einen gewissen Stellenwert in der Gesellschaft. Wenn ich sage, dass ich an Engel glaube, sieht mich kaum jemand schief an. Beginne ich aber von Naturgeistern und anderen Naturwesen wie Einhörnern und Drachen zu erzählen, dann ernte ich doch so manchen schrägen Blick. Macht aber nichts. Ich brauche nicht die Bestätigung von anderen, ich weiß es ja. Naturgeister gehören zum Leben meiner Kinder und mir. Mein Mann ist allerdings auch noch nicht so ganz überzeugt. Witzig ist aber schon, dass man die Naturgeister in allen Kulturen und überall auf der Welt kennt, nicht wahr?

Die Naturgeister

„Wir sind so zahlreich, dass es an ein Wunder grenzt, wie wenig ihr uns wahrnehmt. Leben wir doch in euren Häusern, Gärten, Wäldern, Wiesen und Bächen. Lange leben wir jetzt schon nebeneinander her, ohne uns groß umeinander zu kümmern. Das war einmal anders. Einst waren wir eng verbunden, tauschten Wissen aus und unterstützten uns gegenseitig. Die Zeit ist gekommen, wo ihr eure Wahrnehmungen wieder vertiefen und mit uns zusammenarbeiten solltet, zum Wohle aller."

Den Kontakt zu den Naturgeistern bekam ich über die Tierkommunikation, weil ich immer wieder wahrnahm, dass Tiere oft Naturgeister an ihrer Seite haben.

In der Zwischenzeit nehme ich sie überall wahr, in der Natur wie in Häusern. Ich kann mir ein Leben ohne diese wunderbaren Wesen gar nicht mehr vorstellen. Sie schenken mir ihr Wissen über Heilsteine, Pflanzen und lehrten mich auch wieder, Rituale zu schätzen.

Als ich das erste Ritual ausprobierte, setzte ich mich in einen Steinkreis, räucherte und ließ alles auf mich wirken. Es war für mich ziemlich schräg, es war nicht meine Art Ritual, ich hatte es aus einem Buch, und es erinnerte mich wohl unangenehm an ein früheres Leben. Heute habe ich meine Rituale gefunden. Es sind sehr einfache, unspektakuläre und keine unheimlichen Rituale. Ich ziehe gerne und bewusst Karten, deren Energien mich den Tag über begleiten sollen. Oder ich zünde Räucherstäbchen an und danke dabei all meinen Helfern. Manchmal schreibe ich auch Gedanken auf, die ich nicht mehr brauche, und verbrenne den Zettel dann.

Rituale waren und sind auch heute noch ein Bestandteil unseres Lebens, wir nehmen diese nur nicht mehr als solche wahr. Wir schenken Blumen zur Geburt, wir legen Blumen aufs Grab, wir entzünden Kerzen an Geburtstagen oder zünden welche in der Kirche an. Wir feiern Feste, die stark auf Ritualen wurzeln. Rituale gehören auch heute noch in unsere Gesellschaft, nur werden sie leider nicht mehr bewusst ausgeführt und verlieren so einen Teil ihrer Kraft und Bedeutung.

Für „unsere" Naturgeister haben meine Kinder und ich schon mehrere Kobold- und Elfenhäuser gebaut ,und wir sind überzeugt, sie freuen sich darüber. Wir geben ihnen dadurch eine Präsenz in unserem Leben, laden sie ein, daran teilzuhaben, es zu bereichern.

Ich bitte nicht nur Erzengel Raphael bei kranken Tieren um Hilfe, sondern genauso die Naturgeister, weil ich überzeugt bin, dass sie den Tieren helfen, wo sie nur können.

Auch die Erde ist für mich ein Wesen, und ich kommuniziere häufig mit ihr. Ich liebe die Energie der Erde und der Naturgeister, sie ist anders als die der Engel, die sehr hochschwingend ist. Sie ist irdischer, fassbarer, und manchmal auch etwas verständlicher und einfacher umsetzbar.

Für mich ist alles in der Natur belebt, und so nehme ich alles auch als beseelt wahr. Die Erde schenkt mir viel Kraft, ihre Wunder erstaunen mich immer wieder, sie schenken mir Hoffnung und stärken mein Vertrauen.

Mutter Erde

„Ihr seid alle meine Kinder, ich liebe euch, ich kann gar nicht anders. Ihr fügt mir und meinen Kreaturen immer wieder Leid zu, doch schadet ihr damit am meisten euch selbst. Wie eine Mutter liebe ich euch, was auch immer ihr tut. Aber seid euch bewusst, die Schmerzen, die ihr mir zufügt, fügt ihr euch selbst zu. Lernt doch wieder, mit euch in Harmonie zu leben. Ich meine wirklich mit euch selbst, wenn ihr das könnt, übt euch darin, in Harmonie mit euren Mitmenschen, der Natur, einfach Allem-was-ist, zu leben. Ihr werdet sehen, alles wird schöner werden.

Es gibt heute noch Völker, die sich bemühen, in Harmonie mit allem zu leben, ihr belächelt sie, dabei sind sie euch weit überlegen. Aber selbst diese Völker haben viel vergessen. Darum bitte ich euch, erinnert euch eurer Wurzeln. Nichts ist getrennt vom anderen, nichts kann ohne das andere existieren, am wenigsten der Mensch."

Kraftorte sind starke Energiezentren, und wir können unseren persönlichen Kraftort überall finden. Alles, was er mitbringen muss, ist, dass er uns gefällt, Sie dort gerne eine Weile verweilen, ihre Gedanken ziehen lassen, er Ihnen Ruhe bringt. Das kann der eigene Garten sein, ein Platz im Wald, an einem See, auf einem Berg oder in einer Kirche. Kinder finden diese Orte problemlos und ganz selbstverständlich, für sie ist er dann einfach schön. Sie fühlen sich dort wohl.

Ob Sie nun an Naturgeister glauben, ist Ihre persönliche Entscheidung. Kinder lieben diese Wesen meist und haben sehr leichten Zugang zu ihnen. Sie sehen sie als Lichter, einige Kinder können sogar die Kleider ganz genau beschreiben. Sollen wir ihnen das nehmen?

Ich hatte einmal ein etwa zehnjähriges Mädchen in einem meiner Kurse, das ganz still war. Ich erzählte davon, dass ich Einhörner sehe und es für mich normal ist. In der Pause kam das Mädchen zu mir und sagte: „Ich bin so froh, dass du auch Einhörner siehst, ich dachte schon, ich sei nicht normal, weil die sonst niemand sieht." Die Mutter bestätigte mir später, dass ihre Tochter nun viel selbstbewusster ist und vieles leichter nimmt.

Einhorn

„Wir Einhörner leben schon lange auf dieser Welt, einst sichtbar für viele, heute nur noch für wenige. Wir wurden als Teufelswerkzeug bezeichnet, verfolgt, missachtet. Also zogen wir es vor, uns in eine höhere Schwingung zu flüchten. So sind wir wohl noch an eurer Seite, aber im Verborgenen. Immer mehr Menschen nehmen uns wieder wahr, holen uns aus der Welt der Fabelwesen wieder in die reale Welt. Habt ihr euch schon überlegt, wieso es in so vielen Kulturen Wesen wie uns gibt? Hatten alle Menschen die gleiche Fantasie, oder sind wir doch wirklich?
Einige von euch glauben wohl an Elfen und Kobolde, aber an Fabelwesen, das geht dann doch zu weit. Und

schon beginnt ihr wieder zu trennen, zwischen Wirklich und Unwirklich. Merkt ihr das?

Seid offen für alles, einfach alles. Nur so seid ihr offen für andere Welten, andere Wirklichkeiten. Löst die Grenzen eures Denkens auf. Nur so seid ihr bereit, den nächsten Schritt zu tun. Den Schritt zu einer Welt voll Harmonie. Wir waren immer da, und wir werden immer da sein. Wir wünschen uns sehr, wieder mit euch zu leben, zu arbeiten und zu heilen. Halte die Augen offen, vielleicht siehst du mich früher als erwartet, ob ihm Traum oder in Gedanken, beides ist viel realer, als du denkst. In diesem Sinne, bis bald!"

Kommunikation mit der Geistigen Welt
Telepathische Kommunikation

Wenn ich erklären soll, wie telepathische Kommunikation möglich ist, komme ich in Erklärungsnot. Wie soll ich etwas in Worte fassen, das für mich so sehr mit Gefühl und Energie zu tun hat? Trotzdem versuche ich es.

Die telepathische Sprache ist älter als das gesprochene Wort, jedes Wesen kommuniziert bewusst oder unbewusst auf telepathische Weise. Bevor das Wort war, war das Gefühl, ein Bild oder eben ein Gedanke, den du dann erst in Form von Worten wiedergibst. Wir verbinden mit Worten also Gefühle, Bilder, Gedanken.

Durch die Sprache wurde die telepathische Kommunikation in den Hintergrund gedrängt, wir hören beinahe nur noch mit den Ohren, hören nur noch auf die gesprochenen Worte. Worte können aber lügen, die Gefühle und Gedanken dahinter nicht. Hatten Sie noch nie das Gefühl, dass jemand nicht meint, was er sagt? Wenn man den wahren Gedanken oder das wahre Gefühl hinter den Worten spüren kann, ist das bereits Telepathie!

Das blinde Vertrauen, das wir teilweise in gesprochene oder geschriebene Worte setzen, erschreckt mich. Worte sind nicht immer ehrlich, Menschen können lügen, ihre Gefühle dahinter sind aber echt. Wenn wir jedoch die

Gefühle der anderen wahrnehmen möchten, müssen wir erst lernen, unsere eigenen Gefühle und Gedanken wahrzunehmen, uns selbst besser kennenzulernen. Wie oft belügen wir uns selbst im Alltag?

Die telepathische Sprache ist eine Sprache des Herzens, wir können sie also nur mit offenem Herzen erlernen. Das bedeutet, sich selbst gegenüber ehrlich zu sein, seine eigene Wahrheit zu erkennen. Sich und anderen zu verzeihen und sich nicht hinter Ungerechtigkeiten zu verstecken, sondern sein Leben selbst in die Hand zu nehmen. Seien Sie ehrlich zu sich selbst, das ist der erste Schritt zu einem offenem Herzen.

Mit Tieren telepathisch zu kommunizieren ist ganz einfach, fast jeder Tierhalter tut das unbewusst. Da es aber so einfach ist, können wir es meist kaum glauben, dass es wirklich funktioniert.

Von Wildtieren bekomme ich vor allem Bilder und Gefühle, mit Haustieren, die nahe mit dem Menschen leben, kann ich richtige Gespräche führen. Ich rede mit der Seele, nehme das Tier aber immer auch als Tier wahr. Ein Hund bleibt ein Hund, mit dem Verhalten und den Bedürfnissen eines Hundes, egal, wie weit entwickelt seine Seele sein mag. Um oo zu erklären: Ein Hund kann auf der Seelenebene ganz klar äußern, dass er nicht jagen will, sein genetisches Gefäß wird aber seinem Instinkt folgen und hinter einer Katze herrennen. Aber auch ein Hund kann lernen, seine Instinkte zu lenken. Indem wir ihn als ganzes Wesen wahrnehmen, seine Seele anerkennen, aber auch seinen Körper schulen (Erziehung!), bieten wir ihm die Möglichkeit, sein ganzes Potenzial zu leben. Das ist wohl das schönste Geschenk, das wir unseren Tieren machen können, sie als Ganzes wahrzunehmen, sie nicht zu vermenschlichen, aber auch nicht unter uns zu stellen. Sie sind anders als wir, aber gleich wertvoll.

Der erste Schritt zur telepathischen Kommunikation mit Wesen ist die Wertschätzung des anderen. Ohne diese Wertschätzung wird eine Kommunikation kaum möglich sein.

Ich bin der Meinung, wenn man mit Tieren reden kann, kann man auch mit allen anderen Wesen Kontakt aufnehmen, das glauben aber nicht alle. Bei meiner Arbeit habe ich noch nie andere Erfahrungen gemacht, mehr kann ich dazu nicht sagen.

Die telepathische Kommunikation funktioniert natürlich auch schon mit dem Kind im Mutterleib. Spannend ist immer wieder, wie Eltern wissen, ob da nun ein Junge oder ein Mädchen auf die Welt kommen möchte. Oder hatten Sie auch einen Lieblingsnamen, genau so sollte ihr Kind heißen? Den hatte ich auch, musste ihn aber ändern, da er nicht zu der Energie meines Kindes passte.

Auch die Bedürfnisse des Säuglings nehmen wir meist

intuitiv wahr, so lange wir nicht zu verunsichert sind in unserem neuen Elterndasein. Dann greifen wir etwas öfters zum Telefon und fragen andere Mütter und Väter, den Arzt oder die Hebamme. Das ist in Ordnung, das habe ich auch gemacht. Sich hier nur auf die Intuition zu verlassen, getraut man sich beim ersten Kind kaum. Beim zweiten Kind wird man dann schon sicherer. Aber stellen Sie den Rat anderer nicht über Ihr eigenes Gefühl. Wenn Sie spüren, dass Ihr Kind Wärme und Nähe braucht, dann geben Sie ihm diese. Lassen Sie Ihr Kind nicht schreien, weil jemand Ihnen erzählte, man solle es schreien lassen, sondern tun Sie es, wenn es für Sie stimmt. Ich kann mich an zwei Teilnehmer meiner Seminare erinnern, die sich mit ihren über vierzig Jahren nicht wirklich geliebt fühlten und denen das Urvertrauen fehlt. Bei einer Reise in die Geistige Welt (Meditation) sahen sie sich als Baby weinen, stundenlang, und fühlten sich verlassen und hilflos.

Es kann nicht stimmen, dass man Kinder weinen lassen soll, es macht doch keinen Sinn. In unserer frühen Geschichte wäre es der Tod des Kindes gewesen, ein Raubtier hätte es so finden können, und es wäre ihm hilflos ausgeliefert gewesen. Eine Mutter hätte es beruhigt, da bin ich mir sicher, da sie sonst das Kind und sich in Gefahr gebracht hätte. Wenn schon immer die Rede von unseren Anlagen ist, dann nehme ich auch als wissenschaftlich erwiesen an, dass man Kinder nicht schreien lassen sollte.

Das heißt nicht, dass es nicht Momente gibt, wo wir das tun. Auch meine Kinder mussten als Baby weinen, ohne dass ich gleich angesprungen kam. Ab und zu erlaubte ich mir auch den Luxus einer Dusche und war halt mal einige Minuten nicht sofort zur Stelle. Das löst sicher kein Trauma aus. Aber wenn ich Mütter von heute höre, die die Kinder tatsächlich in ihren Betten schreien lassen und einfach die Tür schließen, dann fühlt sich das für mich nicht gut an. Ich rede hier ausdrücklich von Babys! Ich lasse meine Kinder ihren Trotz auch schon einmal alleine ausweinen, sie wollen mich dann gar nicht in ihrer Nähe, und auch das akzeptiere ich. Spüren Sie in Ihr Kind, was braucht es? Was können Sie tun, um es am besten zu unterstützen?

Ratgeber sind toll, schön, dass es sie gibt, aber sie ersetzen niemals die Wahrnehmung einer Mutter oder eines Vaters.

Ich persönlich merke einen Unterschied in der Energie, wenn ich mit einem Tier, Naturgeist, Engel oder einem anderen Wesen spreche. Diesen Unterschied zu beschreiben ist mir aber nicht möglich, das heißt, ich kann es so versuchen: Die Energie ist feiner, höher schwingend, wenn ich mit Engeln rede - das ist aber keine Wertung, sondern eine Wahrnehmung von mir - und irdischer, erdiger, wenn ich mich mit Naturgeistern oder der Mutter Erde verbinde.

Ich beginne eine telepathische Kommunikation immer, indem ich mich auf das Wesen einstimme, mich einfühle.

Es ist eine Verbindung, die ich aufnehme, wo ich zu einem Teil mit dem Wesen verschmelze, manchmal mehr, manchmal weniger. Das ist besonders spannend zu beobachten, wenn ich aufschreibe, was ich erhalte. Während des Schreibens ist alles absolut logisch, ich verstehe genau, was ich da schreibe, als wären es meine Worte, meine Gefühle. Wenn ich dann die Verbindung löse und das Geschriebene durchlese, entdecke ich ganz verblüffende Aussagen. Merkwürdige Satzstellungen oder eine Wortwahl, so, als hätte ich es gar nicht geschrieben.

Die telepathische Kommunikation kann jeder erlernen, da sie zu unserem Potenzial gehört. Manche verlieren die Sprache des Herzens nie, andere müssen sie vielleicht wieder erlernen. Aber sie ist ein Teil des menschlichen Wesens.

Wir begrenzen uns selbst mit unserem Denken. Niemand sagt, wir sollen unseren Kopf abstellen, es ist wichtig, selbst zu denken, sich seine eigene Meinung zu bilden.
Für die telepathische Kommunikation bitte ich Sie ja nur, einen Moment lang mehr auf Ihr Herz, Ihr Gefühl, zu hören. Danach können Sie mit Ihrem Kopf analysieren, was Sie da gehört und gefühlt haben, kritisch sein, alles hinterfragen. Aber während des Gesprächs bleiben Sie offen, nehmen erst alles an, ohne zu werten, und lassen die Energie einfach fließen.

Mediale Beratung

Das Ziel einer medialen Beratung ist, Hilfe aus der spirituellen/geistigen Welt zur aktuellen Lebenssituation zu bekommen, die Ihnen helfen kann, Ihr Leben wieder freier zu gestalten. Eine mediale Beratung kann helfen, Ihr Kind, Sie selbst oder eine Situation besser zu verstehen. Dabei vermittelt eine mediale Beraterin zwischen Ihnen und der spirituellen Welt, also Engeln und Meistern, oder Ihrem Höheren Selbst. Neben den Antworten, die Sie erhalten, sind die Energien, die während dieser Beratung fließen, von großer Bedeutung. Die Worte sollten Sie auch emotional berühren, Ihnen das Gefühl geben, verstanden zu werden und sich für Sie wahr anfühlen.

Sie bekommen von der Geistigen Welt keine Anweisung, wie Sie sich zu entscheiden haben, aber Sie erhalten eine Hilfestellung. Es ist an Ihnen, ob Sie diese Hilfestellung annehmen und, vor allem, auch umsetzen. Sie selbst sind verantwortlich für ihr Leben, niemand sonst. Sie müssen Ihren Weg gehen.

Auch Ihre Zukunft gestalten Sie selbst, die Engel können hier lediglich eine Tendenz beziehungsweise Möglichkeiten aufzeigen, Sie wählen aber mit Ihrem freien Willen, welchen Weg Sie gehen möchten. Engel sagen Ihnen nie, was Sie zu tun oder zu lassen haben. Sie treffen die Entscheidungen. Die Engel zeigen Ihnen vielleicht auf, was diese oder jene Entscheidung bewirken könnte, aber eine absolute Gewissheit bekommen Sie auch von ihnen nicht. Nur das Leben schenkt Ihnen die Antworten auf Ihre Fragen, indem Sie selbst handeln.

Folgenden Satz habe ich kürzlich gelesen, und er passt sehr gut zu meiner Arbeit:

„Ich bin verantwortlich für das, was ich sage, nicht für das, was du verstehst."

Manchmal kann ich die Zukunft erahnen, aber mehr ist es auch nicht. Wir gestalten unser Jetzt, und dieses gestaltet unsere Zukunft. Verändern wir also unser Jetzt, so verändern wir unsere Zukunft, und ich glaube sogar daran, dass wir im Jetzt unsere Vergangenheit ändern können. Zumindest die Sicht auf unsere Vergangenheit.

Was die Zukunft betrifft, können nicht mal die Engel eine endgültige Antwort geben. Für mich steht der freie Wille über allem. Es ist unsere Wahl, was wir aus unserem Leben und den Herausforderungen des Lebens machen, ob unser Glas halb voll oder halb leer ist.

Wir können uns über einen Blechschaden an unserem Auto wochenlang aufregen, was sicher unserem Magengeschwür sehr guttut. Oder wir können uns darüber freuen, dass nichts Schlimmeres passiert ist, keine Menschen oder Tiere verletzt wurden. Es ist alles eine Einstellungssache.

Wir können vielleicht nicht jeden Umstand in unserem Leben verändern, aber wir können unsere Sicht der Dinge verändern. Sie werden staunen, das verändert Ihr Leben wirklich!

Mitteilungen aus der Geistigen Welt

Hier finden Sie einige Botschaften, die ich von der Geistigen Welt erhielt. Vielleicht spricht die eine oder andere Sie an. Nehmen Sie sich daraus einfach, was für Sie stimmt, was für Sie von Bedeutung ist.

Engel und Meister

Erzengel Michael

„Hallo, ihr lieben Lichtarbeiter, noch seid ihr euch eurer Aufgabe kaum bewusst. Doch schnell werdet ihr merken, dass es nicht eure Bestimmung ist, im Abseits zu leuchten. Verbreitet euer Licht unter den Menschen, erweckt ihr Herz für die Nächstenliebe. Ein Wandel muss geschehen, soll die Erde noch überdauern. Es ist Zeit zur Rückkehr, euch zu besinnen auf die wahre Bestimmung von euch Menschen. Wie falsch legtet ihr die Worte: „Macht euch die Erde untertan" aus. Ihr sollt das Leben auf der Erde und die Erde selbst schützen, sie wahren. Wieso seid ihr von eurem Weg abgekommen? Wie viel Leid habt ihr der Erde und ihren Lebewesen angetan. Es ist Zeit, das zu bereinigen. Ihr hier habt die Macht dazu. Ihr zweifelt? Tut das nicht, ihr seid die Hoffnung, die Quelle für die Neue Zeit.
Euer Michael"

Naturgeister

Abraxas

„Die Kinder des Lichts haben ihre Schatten angenommen, deshalb können sie im Licht erstrahlen und fürchten die Schatten nicht mehr. Der Schatten ist nur der Spiegel des Lichts.

So, wie die Kinder des Lichts ihre Schatten angenommen haben, so versuchen sie auch, die Schatten des Lebens zu erhellen. Das braucht viel Kraft, und oft überfordern sich die Kinder dabei.

Lehrt die Kinder, behutsam vorzugehen. Sie sollen nicht gleich die ganze Welt erhellen. Macht selbst mit und beginnt innerhalb der Familie damit, den Schatten im Licht aufzunehmen. Weitet es aus auf Nachbarschaft, Kindergarten, Schule, Beruf usw. Integriert das Licht und den Schatten in euer Leben, und der Schatten wird sich auflösen.
Ich weiß, wovon ich spreche.
In Liebe, Abraxas"

Blumenelfe Vreneli

„Das Glück kommt zu den Glücklichen, also sei glücklich!"

Kobold Theodor

„Das Leben ist eine Aneinanderreihung von Zufällen. Das ist für euch Menschen schwer zu verstehen, da ihr immer glaubt, alles zu bestimmen. Natürlich habt ihr immer die Wahl, etwas zu tun oder zu lassen. Aber was auf euch zukommt, das bestimmen andere Mächte. Denkt nur an die Natur. Ihr versucht immer wieder, sie zu berechnen, zu zähmen, und mit welchem Erfolg? Eben. Lernt lieber wieder, mit ihr zu kommunizieren, in Harmonie mit ihr zu leben. Wir können euch den Weg zeigen, wie wir es früher taten, und wie es wieder werden soll.“

Anana, Hüterin der Einhörner und anderer Fabelwesen

„Die Welt ist so schön, noch viel schöner, als ihr es jetzt nur erahnen könnt, denn ihr nehmt nur einen kleinen Teil ihrer wahren Schönheit wahr. Noch trennt ihr die Welt in eine wirkliche und eine unwirkliche Welt. Träumen ist verpönt in eurer Zivilisation. Dabei sind diese Träume der Schlüssel zu der wahren, vollkommenen Welt. Lernt wieder zu träumen und euren Träumen zu vertrauen! Wir warten auf euch, wir lieben euch so.“

Aussagen von erwachsenen „Kindern der Neuen Zeit"

(Auf Grund von ausgefüllten Fragebögen
oder Gesprächen)

Die Aussagen, die Sie in diesem Kapitel finden, stammen von erwachsenen „Kindern der Neuen Zeit". Vielleicht finden Sie sich wieder, oder es hilft Ihnen, besser zu verstehen, was Ihr Kind braucht, fühlt und denkt.

Auf die Frage nach besonderen Fähigkeiten habe ich folgende Antworten erhalten:

Alexandra, 28 Jahre
Ich bin vor allem hellhörig und fühlig! Ich spüre in Gesprächen mit Menschen oft ihre Gefühle und sehe Bilder der Geschichten, die sie erzählen, die wie Filme oder Fotoalben vor mir ablaufen!

Sybille, 39 Jahre
Ich sehe Bilder, wenn ich Energie-Fernbehandlungen mache (Aura, Chakren, Tote in Häusern, usw.), und kann mit ihnen arbeiten, in Kontakt treten und sie irgendwie beeinflussen. Ich spreche mit Tieren, Naturgeistern, Aufgestiegenen Meistern, Engeln und Verstorbenen. Ich sehe oft Naturgeister mit offenen Augen, wie bengalische Feuer, in allen Farben und Größen. Wenn ich mit einem Fremden spreche, bekomme ich irgendwoher Hinweise und stelle

dann „komische" Fragen, die die Leute verblüffen und in der Tiefe „packen". Wenn ich eine Reiki-Behandlung mache, spüre ich, welche Chakren einen Knoten oder etwas Ähnliches haben, und welche frei sind.

Beatrice
Ich spüre die Schwingungen von Heilsteinen sehr gut, wenn ich diese in die Hand nehme. Es passiert mir auch häufig, dass ich an jemanden denke, der sich dann daraufhin bei mir meldet. Und manchmal habe ich Träume, die sich dann in ähnlicher Form bewahrheiten.

Sibylle; 47 Jahre
Ich habe in der Nacht oft das Gefühl, jemand sei bei mir und spricht mit mir. Am Morgen versuche ich das Gehörte einzuordnen, was mir dann meist im Laufe des Tages gelingt. Ich spüre auch, wenn etwas innerhalb der Familie passieren wird.

Diese Fähigkeiten sind nicht immer nur schön und einfach, sie erschweren uns teilweise auch unser Leben. Wenn man Energien fühlen und sehen kann, wird man auch schon mal verunsichert und fühlt sich ausgegrenzt.

Alexandra, 28 Jahre
Als Kind hörte ich immer, dass ich sehr viel Fantasie hätte! Wenn ich heute Erfahrungen oder Träume weitergebe, heißt es immer, ich spinne, sei übergeschnappt! Ich habe sehr gut gelernt, abzuschätzen, mit wem ich darüber sprechen kann.

Karin, 31 Jahre
Sie irritieren mich teilweise, und ich kann sie auch nicht immer annehmen. Wenn ich aber darauf höre, wird vieles einfacher. Seitdem ich meine Gaben aber „lebe", bin ich ruhiger und fühle mich besser.

Sybille, 39 Jahre
Ich bin süchtig danach, möchte immer mehr sehen, hören, fühlen – und helfen. Ich bin froh, dass ich andere Menschen kenne, die auch so sind. Schon als Kind fühlte ich mich zwar akzeptiert, aber ausgeschlossen, ich fühlte, dass ich nicht dazugehöre. Auch heute geht es mir noch so, je nachdem, mit wem ich zusammen bin. Es gibt ein paar „verrückte" Sachen, die ich immer noch mit niemanden zu teilen wage. Ich werde immer empfindlicher auf Lärm, Gedränge, Energien im Allgemeinen, Strom, Esswaren, Getränke usw. Das ist manchmal mühsam und für andere schwer verständlich.

Markus, 46 Jahre
Spirituelle Notstände, Träume, Schwierigkeiten, mich zu finden. Heute lebe ich die Spiritualität, und mir geht es gut.

Jennifer, 29 Jahre
Sie haben mir lange Angst gemacht. Ich habe mich meistens unsicher gefühlt, weil ich ja nicht wusste, ob es normal ist, wenn man besondere Fähigkeiten besitzt.
Aber das Schöne ist, dass diese Fähigkeiten unser Leben auch bereichern können.

Alexandra, 28 Jahre

Die Fähigkeiten helfen mir, Menschen einzuschätzen und meinen Körper und meine Seele zu kennen! Ich fühle im Voraus, was mir bekommt und was nicht! Manchmal kann des sehr anstrengend sein, oft kann ich es aber genießen, weil ich heute damit umzugehen weiß. Es war ein langer Weg, mich selbst und den Umgang mit den Fähigkeiten kennenzulernen.

Ich habe gelernt, alles und jeden so hinzunehmen und zu akzeptieren, wie er ist! Das ist jedoch gerade im Beruf nicht sehr einfach.

Markus, 46 Jahre

In der Beratung mit Menschen sehe ich manchmal mehr, was dahinter steckt und kann so kongruenter beraten. Das gibt den Menschen Vertrauen mir gegenüber.

Jessica, 24 Jahre

Sie geben mir Halt, Kraft, Zuversicht und das Gefühl, Gutes zu tun. Oft ist es aber auch schwierig, das Handeln von nicht medialen Menschen zu verstehen.

Kharinna, 25 Jahre

Hellfühlen und hellsehen. Es sind so „Momente", in denen mir jemand gegenübersteht und ich fühlen kann, was gerade sein Thema ist: Angst, Trauer, Wut, Freude und Liebe. Dann spricht es durch mich. Meistens weiß ich im Nachhinein nicht mehr alles Gesprochene. Doch für diese Menschen verändert es meistens ihr Leben. Ich zeige alte

Muster auf und kann sie zu ihrem Ursprung bringen, zum eigentlichen Thema. Es ist nicht immer einfach, mehr zu „sehen" als andere, und es kann einen schon mal verunsichern oder einem sogar Angst machen.

Manuela, 32 Jahre
Es ist mir manchmal unangenehm, da ich mich in der Gesellschaft nicht so bewegen kann, wie ich wirklich empfinde und lebe! Es gibt mir einen gewissen Druck, der einengend sein kann. Ein Nein wird selten akzeptiert. Am meisten Mühe macht mir das Lästern und Kritisieren über andere Menschen.

Sibylle, 47 Jahre
Es gibt Momente, in denen ich erstaunt bin, was ich spüre und wie es eintrifft. Angst würde ich nicht direkt sagen, mehr überwältigt und erstaunt.

Jessica, 24 Jahre
Nein, im Gegenteil, ich fühle mich sicherer.

Karen, 27 Jahre
Ja, es kommt auf die Energien, Situationen an. Ich kann seit circa zwei Jahren besser damit umgehen. Zum Beispiel, wenn ich nicht spüren will, wie es anderen Menschen geht, kann ich mich besser abgrenzen.
Das Einfühlen in andere Menschen ist eine wunderbare Sache, aber auch hier muss man erst einmal lernen, damit umzugehen.

Alexandra, 27 Jahre

Mein Mitgefühl ist sehr stark, es braucht viel Stärke, mich abzugrenzen! Wenn andere erzählen, sehe ich die Geschichten und Erlebnisse in ganzen Filmen vor mir, fühle ihr Befinden! Es ist schwierig, damit umzugehen, wenn ich fühle, dass mir jemand seine Fröhlichkeit nur vorspielt und, wenn ich ihn darauf anspreche, abblockt oder gar verneint.

Beatrice

Ja, ich bin aber nicht immer bereit dazu.

Sibylle, 47 Jahre

Ich kann mich sehr gut in andere einfühlen, das erleichtert mir sehr die Arbeit.

Karen, 27 Jahre

Zu gut, das ist oft sehr anstrengend, denn die Informationen strömen einfach auf mich ein. Es ist dann schwer, wenn ich die Lösung eines Problems spüre, es nicht sagen darf oder kann oder der Tipp nicht angenommen wird.

☆☆

Glauben Sie an Engel, Naturgeister und andere Wesen?

Alexandra, 27 Jahre

An Engel habe ich lange Zeit nicht geglaubt, bis ich

vor einem Jahr meinen Schutzengel kennenlernte! Mit Naturgeistern habe ich, so weit ich mich erinnere, schon Kontakt gehabt! Ich habe mich mit ihnen unterhalten und gespielt! Daran kann ich mich noch gut erinnern. Sie sind mir näher als die Engel, und ich habe großen Spaß an den Naturgeistern.

Neuerdings habe ich ein Einhorn mit einem Jungtier um mich. Es ist faszinierend! Ich kann mich erinnern, wie gerne ich früher solche Wesen hatte, leider traute ich mich als Kind nie, dazu zu stehen.

Beatrice
Ja! Vor allem die Engel spüre ich manchmal ganz fest und muss dann meistens weinen wegen dieser reinen E-nergie voll Liebe.

Wie erlebten Sie, rückblickend betrachtet, Ihre Kindheit?

Für feinfühlige Menschen ist es nicht immer leicht, besonders in der Kindheit werden wir sehr oft mit Situationen konfrontiert, die es uns sehr schwer machen, uns selbst treu zu bleiben. Da waren wir zu verträumt, zu dickköpfig, konnten keine Regeln befolgen, eckten hier und dort an, oder waren zu angepasst.

Auffällige Verhaltensmuster?

Alexandra, 27 Jahre
Ich habe, bis ich drei Jahre alt war, nicht gesprochen, hatte sehr viele Ohrenprobleme, schwatzte immer überall rein, nahm die schwächeren Kinder immer in Schutz und machte sie zu meinen Freunden.

Manuela, 32 Jahre
Ich war teilweise sehr jähzornig, konnte mit Ungerechtigkeiten nicht umgehen. Weil ich manchmal einfach ungerecht wieder ins Zimmer geschickt worden bin, auch wenn ich nichts gemacht hatte.

Karin, 31 Jahre
Ich glaube nicht, ich war immer sehr still und verschlossen und am liebsten alleine im Zimmer.

Sybille, 39 Jahre
Als Primarschülerin hatte ich Zwangsneurosen, aber niemand wusste davon. Ich lebte sehr in meiner eigenen Welt. Ich sprach mit Fliegen in meinem Zimmer, auch noch als Teenager. Ich zeichnete meine Katze mit langen Locken, Hut oder Krone, einem Umhang und Schmuck. Alle Leute auf meinen Zeichnungen trugen Kronen oder Hüte, immer. Ich war sehr selbstbewusst zu den Lehrern, konnte sie nicht als Autoritätspersonen akzeptieren, schon im Kindergarten nicht, auch andere Erwachsene nicht.

Eilwen, 39 Jahre
Ich war immer extrem energiegeladen und eine totale Träumerin. Ich bin eigentlich gar nicht hier aufgewachsen, sondern in der Anderswelt.

Markus, 46 Jahre
Mühe mit Autoritäten, Freiheitsdrang bis zum Schuleschwänzen, Naturverbundenheit.

Jennifer, 29 Jahre
Ich war eine Einzelgängerin und introvertiert. Konnte mich nie richtig mitteilen. Ich war auch oft in meiner Fantasiewelt und habe mit Wesen gesprochen, die niemand gesehen hat, nicht einmal ich. Habe sie mir einfach vorgestellt.

Sibylle, 47 Jahre
Ich war sehr für Gerechtigkeit und wollte immer helfen und Gutes tun. Ich war oft in meiner Traumwelt, führte Selbstgespräche und hatte eine sehr große Fantasie.

Salvatorica, 32 Jahre
Ich war ziemlich rebellisch und konnte sehr aggressiv sein, manchmal auch gegen mich selbst. Ich erinnere mich an Situationen, in denen ich mir an den Haaren riss. Manchmal biss ich auch in das Kopfkissen vor Wut.

☆☆

Bemerkten Ihre Eltern etwas „Auffälliges" an Ihnen?

Alexandra, 28 Jahre
Meine Mutter hat mir erzählt, dass ich in der Kirche mal gefragt hätte, was der Pfarrer denn für einen großen Regenbogen hätte!

Eilwen, 39 Jahre
Ich konnte mit Kindern nichts anfangen, ich war immer mit Erwachsenen zusammen.

Markus, 46 Jahre
Ich hatte Mühe, zu gehorchen, bin immer wieder über die Stränge geschlagen, habe alles ausprobiert, was verboten war.

Sibylle, 47 Jahre
Sie sagen, ich solle mich nicht zu sehr für die anderen einsetzen, mehr an mich denken und an mir arbeiten, mich mehr mit Freunden treffen und mich weniger in der Traumwelt verlieren.

Karen, 27 Jahre
Ich verzauberte schon in der Wiege die Leute mit meinen großen blauen Augen. Die Leute fühlten sich immer wohl in meiner Nähe, das ist auch heute noch so. Sie bezeichneten mich immer als „anders", betonten aber auch immer wieder, dass es so gut sei.

Kharinna, 25 Jahre
Meine leibliche Mutter, bei der ich bis zum meinen neunten Lebensjahr lebte, erzählte mir, dass ich oft schon wusste, wer anrufen oder vor der Tür stehen würde.

☆☆

Was hätten Sie sich von den Eltern gewünscht?

Nicht, dass unsere Eltern alles falsch gemacht hätten, aber vielleicht hilft es ja uns heute bei der Erziehung unserer Kinder, zu hören, was sich Erwachsene von ihren Eltern gewünscht hätten.

Alexandra, 28 Jahre
Vom meinem Vater wünsche ich mir eigentlich noch heute, dass er verständnisvoller wäre, wirklich zuhören würde. Kinder sind kein Übel, und man soll sie auch nicht als solches behandeln, nur weil sie anders sind!

Manuela, 32 Jahre
Mehr Liebe und Zuwendung, und dass sie mehr auf meine Bedürfnisse eingegangen wären.

Karin, 31 Jahre
Ernst genommen zu werden.

Sybille, 39 Jahre
Dass ich hätte weinen dürfen. Ich habe es erst vor kur-

zem wieder gelernt. Dass ich nicht immer hätte stark sein müssen, obwohl es mir auch viel geholfen hat. Dass sie mich mal in den Arm genommen hätten, das haben sie nie getan.

Eilwen, 40 Jahre
Verständnis.

Jennifer, 29 Jahre
Verständnis und Liebe. Dass ich mehr auf mein Bauchgefühl hätte hören dürfen. Ich musste immer mit dem Kopf entscheiden.

Sibylle, 47 Jahre
Dass sie versucht hätten, mich und meine Traumwelt zu verstehen.

Salvatorica, 32 Jahre
Dass sie mich ernst genommen und meiner Meinung auch Wichtigkeit gegeben hätten.

Jessica, 24 Jahre
Dass sie mich in meiner Spiritualität gefördert und mich ernst genommen hätten.

Karon, 27 Jahre
Mehr Unterstützung, mich mit anderen „Spürenden" vertraut zu machen. Ich gebe ihnen aber keine Schuld, sie taten ihr Bestes.

Erfahrungen und Wünsche zu Kindergarten und Schule:

Bei diesem Thema spüre ich die größten Ängste von Eltern. Kann sich mein Kind in Kindergarten und Schule integrieren, oder geht es unter? Fällt es vielleicht sogar unangenehm auf? Gehen die Lehrpersonen auf mein Kind ein?

Manuela, 32 Jahre
Lief nicht so gut. Habe einfach nicht ins System gepasst. Hatte öfters Schwierigkeiten mit Lehrern.
Wünschte mir, dass man mehr auf mich eingegangen wäre. Hätte lieber noch mehr kreative Fächer gehabt.

Karin, 31 Jahre
Es wäre schön gewesen, wenn man mehr auf die einzelnen Schüler eingegangen wäre und sie individueller geschult hätte.

Sybille, 39 Jahre
Dass man die Begabungen fördert, statt Mittelmaß zu züchten.

Markus, 46 Jahre
Ich habe die Schule gehasst, bis zur Lehre. Konnte schon vor der Schule lesen, das wurde aber nicht beachtet, und so musste ich trotzdem Wörter lernen, obwohl ich fließend Bücher las. Irgendwie kamen die Lehrer nicht mit

mir zurecht, da ich stets andere Interessen hatte. Erzählte ich mal etwas Ungewöhnliches, das ich erlebt hatte, so wurde gleich gesagt, ich übertreibe.

Training, wo nötig (Rechnen, Lesen, Schreiben), ansonsten die Individualität und das Erleben der Kinder fördern oder zumindest akzeptieren.

Sibylle, 47 Jahre
Die Schule war nicht so mein Ding, ich hatte keine große Lust zu lernen, wollte lieber das tun, was mir gerade in den Sinn kam und für meine Welt gut war.

Es wäre schön gewesen, wenn man mehr auf meine Träume und meine eigene Welt eingegangen wäre, dann wäre es wahrscheinlich einfacher gewesen.

Nanine, 24 Jahre
Schule im Freien und bewegter Unterricht sind Ziele, die weiter verfolgt werden sollten! Ich wünsche den Kindern, dass sie die Natur kennen und somit auch schätzen und hüten lernen. Mein Wunsch an Ausbildende ist, das zu fördern, zu unterstützen und vorzuleben.

Kharinna, 25 Jahre
Erwachsene und Kinder haben mich oft enttäuscht, indem sie meine Erwartung, mir zuzuhören und mich zu verstehen, nicht erfüllten.

Das waren einige Auszüge aus den Fragebögen. Ich danke hier allen, die sich die Zeit genommen haben diese auszufüllen, und hoffe, dass sie auch den Lesern dieses Buches einen Eindruck vermitteln können.

Was mich bei diesen Aussagen besonders berührt ist, wie sich Erwachsene noch sehr genau an dieses Gefühl, nicht verstanden worden zu sein, erinnern können. Wie groß der Wunsch war und ist, dass man jemanden so akzeptiert und ernst nimmt, wie er ist, dass man seine eigene Wahrheit leben darf, dass man nicht immer gesagt bekommt, was falsch und richtig ist, sondern einem beigebracht wird, selbst zu unterscheiden, was der eigenen Wahrheit entspricht. Fühlen Sie sich in Ihr Kind ein, versuchen Sie, seine Sichtweise zu verstehen und bringen Sie ihm Ihre Anschauung näher, ohne sie ihm aufzuzwingen.

Wenn ich mich an meine Kindheit erinnere, habe ich meinen Eltern nichts vorzuwerfen, es war einfach der Lauf der Zeit und das System, das mich aus meiner eigenen Welt gerissen hat. Ob das nun falsch war, wage ich gar nicht zu behaupten. Schließlich versuche ich auch, meinen Kindern zu helfen, den Weg in die Realität zu finden. Nur glaube ich nicht, dass man deswegen die andere Welt, die Fantasie und Kreativität dieser Realität opfern muss. Die Schwierigkeit besteht darin, beides unter einen Hut zu bringen.

Vielleicht funktioniert es ja bei einigen Menschen, dieser Mechanismus des Verdrängens, des Verleugnens der anderen Realität. Die Menschen, die mit mir Kontakt aufnehmen, zeigen mir allerdings ein anderes Bild. Sie fühlen sich oft verloren in dieser Realität, fühlen sich nicht als vollwertiges Mitglied dieser Gesellschaft, oder es fehlt ihnen schlichtweg etwas im Leben. Die Materie, die Gesellschaft, fordert von uns und unseren Kindern natürlich eine Form der Anpassung, aber sie darf nicht von uns verlangen, unsere Wahrnehmung und unsere Wahrheit zu verleugnen. Wir und unsere Kinder sind gesellschaftsfähig, auch wenn wir unsere Wahrheit leben. Vielleicht sind wir sogar noch bessere Mitglieder der Gesellschaft. Ich möchte so angenommen und wahrgenommen werden, wie ich wirklich bin. Ich kann doch nicht ein Leben lang eine Rolle spielen und mein wahres Sein verleugnen. Es geht ja nicht darum, nun der Gesellschaft meine Wahrheit aufzudrücken, ich möchte nur akzeptiert werden als das, was ich bin. Und genau so ergeht es den Kindern, sie wollen als Ganzes akzeptiert werden, wollen ernst genommen werden.

Viele Menschen haben verschiedene Vorstellungen vom Leben, und die große Herausforderung unserer Zeit ist ja, die Menschen so zu respektieren, wie sie sind. Die Zeiten des Missionierens sollten meiner Meinung nach vorbei sein, vielmehr sollte man die Menschen auffordern, ihre eigene Wahrheit zu entdecken und zu leben. Jeder Mensch sollte die Möglichkeit bekommen, alle Facetten seines Seins zu leben.

Lassen wir unseren Kindern den Spielraum, sich zu entfalten, ich bin überzeugt, das ist innerhalb unserer Gesellschaft und des Schulsystems absolut möglich. Es braucht einfach eine große Portion Einfühlungsvermögen von Seiten der Erwachsenen. Lernen wir doch, unsere Grenzen des Denkens zu sprengen und uns für andere Möglichkeiten zu öffnen. Vielleicht ist ja die Welt, wie unsere Kinder sie sehen, die wahre Welt.

Laura Bootsch
Gegen den Sturm
Mein Weg als Indigokind
296 Seiten, broschiert
ISBN 978-3-938489-40-6

Begriffe wie Indigokinder, Kinder des Lichts, Sternenkinder oder Kinder der Neuen Zeit sind mittlerweile nichts Neues mehr, und so war es nur noch eine Frage der Zeit, bis sich ein Indigokind selbst zu Wort meldet (und keine Wissenschaftler, Pädagogen oder Psychologen).

Die Autorin beschreibt ihren Weg und geht auf Themen ein wie Positives Denken, Christus-Bewusstsein, die Umwandlung der Angst in Liebe und erzählt von einem bewusstseinsverändernden Erlebnis, das bei ihr keinen Zweifel mehr an der göttlichen Existenz zulässt.

Durch die Schilderung persönlicher Erfahrungen mit der unsichtbaren Welt und die Gespräche mit ihrem Schutzengel und Geistführer Lalain gewährt sie uns einen Einblick in ihre Seele.

Ava Minatti
Die Kinder der Neuen Zeit –
Strahlende Funken des Lichts
196 Seiten, broschiert
ISBN 978-3-934254-23-7

Immer mehr Kinder werden weltweit geboren, die bereits mit einem neuen Bewusstsein zur Welt kommen und somit Verhaltensweisen an den Tag legen, die „anders" sind. Ava Minatti, selbst Mutter von zwei "neuen" Kindern, erzählt von ihren persönlichen Erfahrungen in der Schwangerschaft, bei der Geburt und im Alltag mit diesen Kindern und bietet viele praktische Anregungen, Übungen und Meditationen. Mit Botschaften aus der geistigen Welt, u.a. von Engeln und des Aufgestiegenen Meisters Hilarion.

Ava Minatti
Praxisbuch für die Kinder der Neuen Zeit
176 Seiten, broschiert
ISBN 978-3-934254-80-0

Die Autorin, selbst Mutter von zwei „neuen" Kindern, gibt zahlreiche Beispiele und Tipps, wie zum Beispiel der Kontakt zu Engeln und Naturwesen, die Kraft von Kristallen und Farben für zu Hause und in Kindergarten oder Schule eingesetzt werden können, um ein freud- und liebevolles Miteinander zu gestalten. Sie stellt Kindergärten und Schulmodelle vor, die mit ihren Ansätzen dem Bewusstsein der neuen Zeit entsprechen. Sie werden ermutigt, selbst zum Schöpfer für ein harmonisches Zusammenleben mit Kindern zu werden und auch bereits bestehende Kindereinrichtungen zu Orten der Fröhlichkeit und der Erholung zu machen. So ist dieses Buch eine humorvolle Ergänzung zur bereits veröffentlichten Literatur um die Kinder der Neuen Zeit .

Barbara Dietrich
Ich brauche euch doch beide
Scheidung tut weh
Ein Trostbuch für Kinder
72 Seiten, A5, gebunden
ISBN 978-3-934254-68-8

Viele Kinder müssen die Trennung ihrer Eltern verkraften und so möchte die Autorin ihnen Mut machen, in einer solchen Situation einen Sinn zu erkennen, denn nichts in unserem Leben geschieht zufällig. Wenn Kinder das begreifen, wird es ihnen vielleicht helfen, mit den neuen Gegebenheiten besser klar zu kommen.
Für Kinder ab acht Jahren.

Barbara Dietrich
Eltern im Doppelpack
Die Patchworkfamilie
72 Seiten, A5, gebunden
ISBN 978-3-934254-83-1

Papa hat eine Freundin, Mama einen Freund. Das macht Kindern Angst, auch wenn die Eltern längst getrennt sind, und sie fragen sich: Will dieser Mensch mir meine Mama oder meinen Papa wegnehmen? Nicht unbedingt, denn im günstigsten Fall kann dieser neue Mensch im Familiengefüge auch für die Kinder ein echter Gewinn sein. Kein Ersatz für die eigenen Eltern, natürlich nicht. Aber vielleicht eine mütterliche Freundin, ein väterlicher Freund – ein zusätzlicher Mensch, der auch das Kind lieb hat. Wäre das nicht toll?
Die Patchworkfamilie als Chance!
Für Kinder ab 8 Jahren.

Barbara Dietrich
Mach's gut, liebe Omi
Vom Abschied in die andere Welt
Ein Trostbuch
48 Seiten, A 5, gebunden
ISBN 978-3-934254-54-1

In dieser Vorlese-Geschichte erklärt die Urgroßmutter dem kleinen Hannes liebevoll, warum alte Menschen irgendwann sterben müssen. Sie vergleicht das Leben des Menschen mit dem der Natur.
Im Frühling wachsen die Menschenkinder und werden groß, im Sommer ihres Lebens sind sie erwachsen, im Herbst werden sie alt, und schließlich, im Winter, dürfen sie von aller Mühe und Plage ausruhen, zu Hause bei Gott, vom dem wir einst alle hergekommen sind. Sterben, sagt sie, kann sowieso nur der Körper! Die Seele lebt ewig!
Für Kinder von 5 bis 8 Jahren.

Dagmar Angeli
Auf himmlischen Schwingen
Die kleine Engelschule
72 Seiten, gebunden, vierfarbig, mit Leseband
ISBN 978-3-938489-37-6

Gar nicht abgehoben und in einer einfachen, direkten Sprache wenden sich die Engel in ihrer liebevollen Art an Menschen jeden Alters, an Seelen auf jeder Stufe ihrer Entwicklung. Durch den persönlichen Filter der Autorin äußern sich die Energien der „Höheren Ebenen" in praktischen, berührenden Worten, Bildern und Beispielen. Offenheit und spontaner Ausdruck sind die Eingangspforten zur Welt der Engel, die immer um uns ist und sich sofort erschließt, wenn wir uns ihr erwartungsvoll und vorurteilslos zuwenden.

Anjana Gill
Du und deine Engel – ein himmlisches Team
108 Seiten, Hardcover, mit zahlreichen farbigen Abbildungen,
ISBN 978-3-934254-46-6

Für Anjana Gill sind Engel keine heiligen fernen Wesen, sondern unsere Lebensbegleiter, die sich freuen, für uns da zu sein. Sie erklärt in leichten Schritten, wie Sie die Engel in Ihrem Leben integrieren können.
Lernen Sie mit Hilfe dieses wunderschön gestalteten Buches Ihre „himmlischen Mitarbeiter" kennen und verschmelzen Sie zu einem sensationellen Team! Lassen Sie sich beflügeln!
It's time for an angel!

Ava Minatti
Engel helfen heilen
Lass deine Flügel wieder wachsen
400 Seiten, A 5, broschiert
ISBN 978-3-938489-06-2

Viele der uns vertrauten Engel sprechen zu den unterschiedlichsten Themen:
So laden uns Raphael, Uriel, Gabriel und Michael in ihren Botschaften ein, uns mit den vier Elementen Erde, Feuer, Luft und Wasser auszusöhnen. Metatron spricht über die Liebe, und Melchisedek über die Weisheit, während uns Ariel hilft, unser inneres göttliches Licht zu erkennen und strahlen zu lassen.
Chamuel befasst sich mit dem Thema „Partnerschaft in der Neuen Zeit" und Zadkiel mit der Kraft der Transformation dem Licht der Gnade.
Eine Begegnung mit unserem Schutzengel wartet auf uns ebenso wie unser Mond- und unser Sonnenengel.
Wie immer, wenn wir sie darum bitten, helfen uns die Engel dabei, die momentanen Veränderungen zu verstehen und in unserer Mitte zu bleiben, was auch immer geschieht.
Mit wunderschönen Meditationen und Durchsagen von der Engelebene.

Barbara Arzmüller
Tempel der Seele
Praxistipps für den Alltag
184 Seiten, A5, broschiert
ISBN 978-3-938489-80-2

Werfen Sie einen Blick auf Ihre Wohnung – und auf Ihr Leben! Das Zuhause spiegelt das eigene Leben wider und damit auch Partnerwünsche, Schlafstörungen, Erfolgsträume, Geldmangel und andere, ganz normale Alltagssorgen. Anhand von Beispielen aus ihrer Beratungspraxis zeigt die Autorin auf, wie sich diese Themen in den Wohnungen ihrer Kunden zeigten und was zur Lösung unternommen wurde. Konkrete, leicht umsetzbare Tipps für ähnliche Fälle runden jedes Kapitel ab.
Sie werden sich bestimmt nicht nur bei einem Thema wiederfinden, sondern eine Fülle praktischer Anregungen daraus ziehen können, wie auch Sie schwierige Lebenssituationen verbessern können.

Marion Musenbichler
Es gibt keine Lösung – hier ist sie!
... Seiten, A5, broschiert
ISBN 978-3-938489-84-0

Dieses Buch berührt dein Herz und hebt dich in diesen Raum der Stille hinein. Und plötzlich geschieht alles von selbst, und nichts ist mehr so, wie es einmal war. Du musst nichts verstehen, denn die Botschaft zwischen den Zeilen streichelt ganz sanft deine Seele. Bilder und Worte werden genutzt, um direkt mit deiner emotionalen Datenbank zu kommunizieren und die Welt in dir zu erwecken. Diese sanfte Programmierung passt sich, deinem Bewusstsein entsprechend, an. Lehne dich also zurück, tue nichts, denke nicht nach und erzwinge nichts, - und alle Narben heilen.

Madeleine Ponert
100 Steine zum Licht
Heilwissen der Engel
272 Seiten, A5, gebunden, mit Leseband
ISBN 978-3-938489-76-5

Ein völlig neues Werk über die Steilheilkunde, das sich allein auf gechannelte Informationen von Engelwesen stützt, die einen besonderen Grad der Reinheit besitzen und das subtile Wesen und den Charakter eines jeden Steins wunderbar verdeutlichen. Die Steinheilkunde für die Neue Zeit konzentriert sich nicht nur auf körperliche Aspekte, sondern geht auch auf die höheren Zusammenhänge der Heilung mit Steinen ein, damit durch diesem Prozess der inneren Wandlung ein bestimmtes Bewusstsein entwickelt werden kann und spirituelles Wachstum möglich ist, denn erst dann wird der Mensch in bewusster Einheit mit sich und Allem-was-ist leben können.
Mit traumhaft schönen Fotos, die die Verschmelzung der Steine mit der Natur auf einzigartige Weise wiedergeben.